A María,
el amor de mi vida.

1

Caminaba un anciano por la calle, con la mirada distraída, sin rumbo ni dirección. Parecía que no era consciente de sus pasos. Daba la impresión de vagar hacia ninguna parte, pero sus torpes andares lo dirigían hacia un hospital cercano, con aspecto de sanatorio, en medio de la campiña que, a esas horas del mediodía, brillaba con sus marrones y verdes, que se mezclaban de manera rectilínea en las parcelas divididas de labranza, en las que los campesinos se afanaban por sacar adelante sus frutos, frente al sol que actuaba como juez en todo lo alto.

Poco a poco se fue acercando al edificio, que resaltaba blanco y albero en aquel entorno. No era alto. Tres pisos sobre el suelo se elevaban hacia el cielo, dejando a sus pies un hermoso jardín, en el que se mezclaban cipreses y flores, dando un aspecto intrigante a la fotografía que se observaba.

El edificio no resaltaba por su belleza. De hecho, se le veía viejo y, si se prestaba atención, algo abandonado. Pero algo brotaba de él, que inspiraba confianza. Quizás fueran todas las historias que permanecían en su interior. Tantos años de enfermos, familias y trabajadores, que formaban el aura y la argamasa que unían cada uno se esos ladrillos.

Una vibración apenas imperceptible se dejaba sentir una vez te ibas acercando. No todos la notaban. Pero si dedicabas un poco de tiempo a observar sin pensar, comenzaba a llevarte hasta el interior, para hacerte formar parte de todo lo que lo envolvía.

Todo tipo de personas vagaban por el exterior del edificio. Cada una a su ritmo. Entre ellas, algunas de blanco. No es que hubiera mucha gente, pero sí había un continuo discurrir, que para el observador que tenía una visión objetiva y distanciada, hacía pensar que se tratara de una coreografía diseñada para que en todo momento hubiera alguien vigilando el exterior, para que el edificio no se quedara solo.

La visión del edificio una vez caída la noche, se antojaba fantasmagórica. El aire que movía los cipreses tenía un sonido especial. Y en parte, lo caluroso del día amortiguaba esa sensación. Parecía que la gente aprovechaba para salir ahora, ya que más tarde parecía más atrevido.

El anciano, desde su sabiduría, que en gran parte estaba forjada porque se atrevía a preguntar, se dirigió a algunos de ellos de manera individual. A todos les realizaba las mismas preguntas.

Y notó que las respuestas eran distintas. Esto le hizo reflexionar.

¿Qué se imagina cuando escucha la palabra curar?

- Pues, es la base de mi labor. Fue lo que me enseñaron cuando estudié, y lo intento hacer diariamente para el beneficio de mis pacientes – respondió un señor a la pregunta.
- La verdad, la palabra curar la relaciono siempre con heridas, con úlceras. Es uno de los objetivos de mi profesión.

¿Y qué imagen se le viene a la cabeza cuando escucha la palabra cuidar?

- Pues, me acuerdo de mi madre, de mi abuela, de las mujeres en general – comenta una señorita.
- Yo diría – comentó un joven- que es a lo que me dedico. Cuido a las personas que lo necesitan.
- A mí me dice que es darle a alguien lo que necesita en ese momento. Cubrir sus necesidades, dicho de otra forma – comentó un señor.

El anciano se sentó en el jardín, con la mirada perdida, intentando asimilar esa información. Era una persona como cualquier otra. Iba bien vestido. Sin ningún tipo de lujo, pero con ropa de calidad. Tenía un buen porte, aunque la edad no perdonaba.

Qué pasa entonces cuando una acción tiene diferentes puntos de vista. Cómo podemos ver en un mismo concepto tanta gama de colores. Y, sobre todo, qué pasa cuando esas personas trabajan todas juntas.

Su mirada se posó en el Sanatorio. Y poco a poco su mente se fue introduciendo en el interior del Centro, en las entrañas de sus trabajadores y sus pacientes. En el ambiente que respiraba al mezclarse entre todos ellos.

Pasillos blancos, interminables, con un suave olor a tomillo que lo impregnaba todo, al que se agregaban aromas a suelos limpios, café recién hecho. Todo unido trasladaba una agradable sensación de delicadeza en el trato, de compasión, de tranquilidad.

Porque, a veces, y, sobre todo, en determinados momentos, las circunstancias nos cambian la manera de hacer las cosas.

Porque la vida tiene muchos sentidos. Pero ninguno de ellos sobrevive sin el sentido de la muerte. Porque la muerte no sólo existe, sino que, además, debe existir. Y allí también olía a muerte.

Pero no a una muerte dramática, sino a una muerte de descanso, de final, de inevitabilidad.

Y ahí es donde realmente perdura el cuidar. Esos cuidados que son perennes, que siempre están y siempre sirven. Que se ofrecen porque son los que reconfortan, los que son capaces de paliar lo que parece no tener sentido. Porque esos cuidados llegan sobre todo cuando ya el curar no es un remedio.

Porque se cura aquello que reconforta. Pero cuándo tiene sentido curar si el resultado no produce satisfacción. Para qué sirve cuando no sana, como lo hacía antes.

¿Es posible que intentemos curar para satisfacer las necesidades egoístas de los familiares, en lugar de cuidar a quien realmente lo necesita?

¿Por qué nos cuesta tanto darle valor al acompañamiento, al contacto, a la mirada, a las palabras que animan y reconfortan, al apoyo a la familia, a la información,…?

Su vida pasaba por delante como si las últimas piezas de ese enorme puzle no terminaran de encajar. Le quedaban detalles por completar. Seguía teniendo fuerzas para seguir.

Pero su estancia allí se debía a un malestar interno que no era capaz de detectar, y que lo inquietaba sobremanera. Algo en su cabeza empezaba a no funcionar bien. Y necesitaba ayuda.

En esas estaba el anciano, cuando decidió levantarse, torpemente ayudado de su bastón, y puso toda su energía en encaminarse hacia el interior del Sanatorio, por uno de sus laterales, siguiendo un pequeño cartel que anunciaba Unidad de Continuidad Asistencial.

Sus pies avanzaban despacio, mientras su mente no paraba de vagar en una duda existencial, que frenaba su avance como si fuera un coche que se queda sin gasolina. Así entró hasta que lo recibió una señorita, mientras que su mente le repetía sin cesar:

"Me curarán,... o me cuidarán,..."

2

Poco a poco comenzaron a llegar sonidos. No eran perceptibles. Pero estaban ahí. Esos sonidos eran tan sutiles que tuve que aguzar el oído para poder reconocerlos. Aún así no era capaz de ubicarlos en algún espacio determinado. Los sonidos iban y venían. Un pitido imperceptible a lo lejos, sonidos de pasos que se movían de manera constante, aire que se movía y dejaba un rumor armónico. Eran sonidos que parecían familiares, pero en su conjunto provenían de un lugar desconocido.

Y olores. Un olor que no llegaba a comprender. Un olor nauseabundo que llegaba cercano. Pero, ¿de dónde?. El olor era profundo, cercano. No podía quitármelo de encima. No era capaz de discernir si venía de fuera o de dentro de mí. Lo notaba pegajoso, unido al cuerpo. Era como si me saliera de dentro.

Oh, Dios mío. Pero, ¿qué es esto?. Me he cagado encima. Qué sensación más desagradable. No sólo por la incomodidad, sino por lo que suponía aquella situación. La relajación de esfínteres no estaba producida por ninguna causa externa, sino que era mi estado el que lo había provocado, y ponía de manifiesto mi delicada situación actual.

Me apoderó el pánico. Una inmensa negrura se postraba ante mí, pero no sabía si no veía, o no quería ver.

Con mucho esfuerzo, comencé a apretar los ojos para intentarlos abrir, pero todo seguía estando negro. Empecé a sudar, no entendía que me podía estar pasando. ¿Habría muerto?, ¿sería así la muerte?.

Pero no. Estaba vivo. Conforme mis ojos se empezaron a acostumbrar a la oscuridad, me di cuenta que era de noche, y que al fondo de la habitación en la que parecía estar, había una luz secundaria que iluminaba el suelo.

La sensación de estar vivo no pareció tan maravillosa. Los sentimientos y emociones que hacían sentirme partícipe de este caos llamado mundo, no eran precisamente para ponerse a gritar.

¿Gritar?. No es mala idea. Sienta bien gritar cuando estás lleno de mierda y no sabes dónde te encuentras. Pues allá voy.

-    ...

Mi cuello se llenó de venas a punto de estallar, donde la furia, la impotencia y el asco se enlazaron en un mismo grito. Pero de mi garganta no salió ningún sonido. Por más que lo intentaba, por más claras que salían las palabras de mi cabeza, ese grito no era posible.

Se me erizó la piel cuando mi mente empezó a asimilar que lo que estaba sintiendo podía ser una afasia. Me había dejado mudo. Sin comunicación con el mundo exterior. Sin la llave mágica que nos hace acercarnos al resto y poder expresar cómo nos sentimos.

La sensación de angustia comenzó a paralizar mis músculos. Mi respiración se fue haciendo más rápida y superficial. El sudor perlaba mi frente, y comenzaba a inundar mi espalda. Quise incorporarme para saltar de esa maldita cama cuando, de repente, me sentí atenazado.

Pero, ¡qué demonios es esto!. ¡Estoy amarrado a la cama!. ¡¿Pero qué broma de mal gusto es ésta?!
Y comencé a zarandearme para intentar deshacer esos amarres que me impedían ser una persona. Estaba amarrado como un vulgar perro.

Y en medio de ese terrorífico momento, pude ver una luz que se movía a lo lejos. Una luz que iba y venía, que, en la lóbrega oscuridad de esa habitación, se apreciaba como una esperanza. La luz desapareció, pero al cabo de un momento volvió a moverse, trazando haces de luz que iluminaban desde la lejanía esa estancia en la que parecía estar encerrado.

Entre el silencio y la opacidad del ambiente, las sensaciones sobre estar muerto volvían a rondar por mi cabeza. El constante duermevela interrumpido por los descubrimientos de los últimos minutos, unidos a la falta de recuerdos de las últimas horas, hacía crecer en mi cabeza la percepción de que estaba muerto.

Y en esas estaba cuando la luz se acercó. Se acercó tanto que estaba iluminando la habitación. Una luz blanca y cegadora que se acercaba a mí. Tanto que me deslumbraba y no me permitía ver quién portaba esa linterna, antorcha, o lo que fuera que no me permitía salir de dudas.

Pasaron pocos segundos desde que la luz invadió la habitación. Pero a mí me parecieron horas. Porque no sólo necesitaba ver quién la portaba. Sino porque en mi estado de ansiedad y excitación, mi cerebro bullía y no dejaba de recibir información de lo que me rodeaba.

Pude ver que no estaba solo en la habitación. Había otro hombre frente a mí. Estaba dormido. O muerto. No era capaz de afirmar ninguna de las dos cosas. Y había otra puerta en aquella habitación. Sería un baño. Por lo que no me cabía duda de que estaba en un hospital. Por lo tanto, no estaba muerto. Estaba ingresado.

Estaba ingresado en un hospital, amarrado, sin poder hablar, cagado hasta las trancas y una luz blanca se dirigía hacia mí. Maravilloso.

Pero, al terminar de acercarse la luz, apareció detrás lo que no me podía imaginar. Unos bellos ojos me miraron con ternura, unas manos fuertes me acariciaron la frente, y una suave voz interrumpió el silencio de la noche. Me llamó por mi nombre, me tranquilizó, y desapareció.

Volvió la oscuridad tenue, volvió el silencio. Pero, sobre todo, volvió una certeza. Era un ángel.

En esa certeza me abandoné al sueño. Total, estaba muerto, qué más daba que pensara que estaba despierto o dormido. Esa mezcla de sentimientos, tranquilizó mi alma. No me preguntéis cómo, pero la agonía experimentada me abandonó tal y como se había instaurado hacía unos minutos.

Pero no. No estaba muerto. Y lo sé porque un momento más tarde, no sé decir cuánto tiempo pasó, unos ruidos me despertaron y me devolvieron a la realidad. Un ajetreo inusual para la oscuridad y tranquilidad que reinaba en el ambiente se fueron convirtiendo en un frenesí de personas que se notaban moviéndose para todos lados.

Y de repente, entró en mi habitación. Y al encenderse la luz, descubrí a mi ángel. Vestida de blanco, con esa sonrisa refulgente, que se acercaba. Me comenzó a desatar, y cuando ya notaba que me iba a coger en brazos y llevarme al cielo, sus fuertes y a la vez delicadas manos, me comenzaron a cambiar, para aumento de mi horror, el pañal que hacía arder mis partes.

Todo fue tan delicado, con sus movimientos rápidos y precisos, con sus suaves y tiernas palabras, que me sentía en una nube. Me dejé hacer. No quedaba otra. Quise agradecer el trato, pero no podía articular palabra. La miraba con mis ojos de eterno agradecimiento, sumisos y llorosos, como entregándole mi vida, como si ésta le pudiera pertenecer. Cierto es que no estaba muerto. Estaba vivo, aunque no en las mejores condiciones. Pero algo me decía en mi interior que en aquel sitio me iban a cuidar bien.

Con la misma delicadeza con la que llegó terminó de arreglarme la cama, me volvió a acariciar la frente, y se alejó poco a poco. Se iba mi ángel. Me volvía a abandonar. Pero desde el fondo de mi alma tenía la certeza de que la volvería a ver, de que ese vínculo que había comenzado esa noche no se iba a romper.

Y se fue, y nada más supe de ella. ¿Cuál sería su nombre?

Y entonces llegó la voz de hombre que la llamaba desde otra habitación, y su nombre se me quedó grabado para siempre…

Adelaida

3

Qué triste y qué desvalido me encuentro.

He visto un bello amanecer por la ventana. El olor a tierra mojada que se adentra no ha hecho más que reverdecer en mí recuerdos que han hecho envolverme en nostalgia, y ya nada parece merecer la pena.

El señor de enfrente está vivo. O eso parece al menos. Aunque nadie lo diría por su aspecto cadavérico. No encuentro demasiadas diferencias entre su estado vivo o muerto.

Es un estado lamentable. Aunque podría decirse que es igual de lamentable que mi estado. Aquí estoy, postrado en esta cama, sujeto por unas "preciosas" pulseras grises que me impiden rascarme cuando me pica, conectado a un sistema de suero que no sé lo que está inyectando, aunque dudo mucho que vaya a aportar mucho a mi situación actual.

Entiendo que no se fíen. Tengo un aspecto de viejo demente que amedrentaría a cualquiera. Pensarán que voy a atacarles, cuando no sería ahora mismo capaz de aplastar una mísera hormiga.

No solo me han colocado un camisón de mujer al revés (que digo yo que da igual porque tampoco voy a ir a ningún sitio), sino que mis huesos se asoman por la piel como si quisieran romperla. Yo, que me había cuidado siempre, me encontraba en ese estado tan deplorable, y no aventuraba visos de poder encontrarme mejor.

La habitación tiene un color amarillento que da a entender cómo han pasado los años por sus paredes. Me parece adivinar una perlita en su superficie, nada que ver con las clínicas privadas que se veían en la tele. Siempre fui de la Pública, porque, aunque me lo hubiera podido permitir, confiaba en la maquinaria social del país.

La habitación da acceso a una terraza exterior, que parece transitable. Unas verdes praderas sembradas, de las cuales proceden olores a naturaleza que se entremezclan con los olores hospitalarios, se vislumbran detrás de los cristales.

Pero en estos momentos sólo siento tristeza.

Esa tristeza me invade de tal manera, que incluso añoro los momentos en los que sentí estar muerto. Aquello parecía tener más sentido que lo que tengo por delante. Al menos muerto no tendría este insoportable dolor de espalda, que me recorre toda la columna, y que no cesa en ningún momento.

O un dolor de cabeza que viene y va, que se instala en mi cabeza y no me deja pensar con claridad.

Y en ese estado estaba cuando se abrió la puerta de la habitación. En una animada conversación se adentraron una pareja, ambos vestidos de blanco, empujando un carro de curas cargado de sobres de medicación, sueros y un aparato electrónico Se dirigieron hacia mi compañero, y parece que nunca amigo, quien no se enteró de nada de lo que allí sucedía.

Estuvieron un rato inspeccionándolo, y en sus caras se veía que había poco que hacer. Escribieron algo, y se dirigieron hacia mí.

En ese momento me comporté como un perro cuando su dueño llega a casa, ansioso por recibir las caricias y los arrumacos diarios. Pero esa emoción parece ser que sólo la percibí yo, porque para aquellos dos sanitarios, lo que vieron fue un estado de agitación que justificaron mis sujeciones. Otra vez esta maldita afasia que me lo vuelve todo del revés.

Comenzaron a tranquilizarme, sujetándome por los brazos, e intentando acostarme. Y lo consiguieron. Pero no por sus esfuerzos, sino que fui yo el que se tranquilizó solo y me dejé caer en el colchón. De nada servía querer expresarme de esa forma. Sólo provocaba malentendidos.

Una vez que todo estuvo más tranquilo, comenzaron a hacer su trabajo. Me llamaron por mi nombre, retiraron las sábanas, y comenzaron la inspección. La joven, que descubrí por su tarjeta que era la doctora, observaba atentamente todo mi cuerpo, mientras que el señor, que era el enfermero, le explicaba todo lo acontecido hasta ese momento. Estaba tan concentrado que no me di cuenta de que el muchacho me tenía cogida la mano, y me la acariciaba inconscientemente, en un acto fraternal que me conmovió. Comenzaron a hacerme preguntas. Las entendí todas, pero no era capaz de expresarme. La maldita afasia me la volvía a jugar.

Notaba en mí algo más aparte de la frustración. Era un malestar provocado por cómo me hablaban. Cualquiera diría que además de tener afasia, era tonto. O al menos me hablaban como si lo fuera. Yo, que había sido catedrático y conocía cuatro idiomas. Esos dos niñatos me gritaban y me hablaban como en las películas cuando se les habla a los extranjeros.

Poco a poco, se dieron por vencidos. No había nada que sacar de ese viejo demente.

Pero, de repente, el enfermero, que no había soltado mi mano, pareció ser consciente de cómo resolver aquel jeroglífico. Retiró la barandilla, desató mi mano de la atadura, se sentó junto a mí en la cama. Y me miró a los ojos. Era como si quisiera conectar conmigo, como si necesitara que yo le dijera que estaba allí, que era dueño de mis actos. Que no estaba demente.

Y entonces me dijo:
- Sé que me oyes. Sé que me entiendes. Pero necesito que me lo hagas saber. Necesito notar algo para cerciorarme de que estás ahí.

Y ahí estaba yo. Emocionado porque alguien perdía parte de su tiempo en mí. En este viejo que ya no servía para nada.

Hice todo lo posible para transmitirle que lo entendía, que estaba vivo, que mi cabeza continuaba funcionando. Y le apreté la mano como si se la fuera a partir, aunque no tenía fuerzas. Pero él lo notó. Y notó cómo cambiaba mi semblante. Como mis ojos asentían y le contestaban. Y fue suficiente, porque tanto él como yo lo percibimos. Sentí como su mano acarició nuevamente la mía. Como su sonrisa se convertía en un lazo que nos unía en ese sendero. Y me dijo.

- Nos queda un largo camino. Pero iremos poco a poco, no tenemos prisa.

Y me guiñó el ojo. Se levantó, se dirigió hacia la puerta, y antes de salir se volvió, me miró, y me dijo:

- Por cierto, mi nombre es Antonio.

4

Y entonces llegó.

Todo parecía ir bien. Las piezas del puzle muy poco a poco parecían ir encajando. Todo era una mierda. Pero, por lo menos, empezaba a controlar mi mierda. Bueno, menos la literal. Esa parecía que ya no la controlaba tanto.

Pero, a lo que iba. Que mi hija entró en la habitación. Su cara descompuesta, nerviosa, sin atinar a lo que hacía.

Me abrazó con el chaquetón y el bolso colgado. Todo caricias y palabras de ánimo, de aliento, unido a un torrente de expresiones, las cuales no era capaz de asimilar ante tanta efusividad. Sin embargo, en el fondo detecté que me comenzaba a convertir en una carga.

Esos ojos me escrutaban como si fuera un problema. Como si estuviera midiéndome para ver dónde me iba a colocar.

Y si ya me era complicado hablar con ella, porque no paraba de charlotear, ahora esta puñetera afasia le daría carta libre para destrozarme la cabeza sin control. Esa tranquilidad que necesitaba para ordenar mis ideas, esa paz interior que conseguía tener en esa celda en la que me encontraba, sólo acompañado por mi colega moribundo (que no me molestaba apenas), se veía interrumpida por ese torrente imparable que, arrastrada por sus prejuicios y sus sentimientos cargados de autorreproches, parecían querer reparar en esos momentos, todos los años de abandono y desprecio hacia mi persona.

A pesar de que yo hubiera dado mi vida por ella cada minuto que pasó desde que nació. Las circunstancias de la vida hicieron que los hechos se encaminaran por derroteros que nos habían llevado a tener una relación difícil, pero no más allá que cualquier relación de unos padres divorciados en los que la hija se ponía de parte de uno de los padres.

Pero eso dará para otra historia, porque en ese momento lo que me preocupaba eran dos cosas.

Una, que mi hija se callara. Misión imposible.

Pero la otra. Ésa sí me preocupaba de veras. En mi cabeza se empezaba a crear un torbellino sobre la probabilidad perentoria e irremediable de que mi hija se estaba convirtiendo en mi voz, en mis futuras decisiones desde ese momento. Mi vida estaba irremediablemente en sus manos. Lo cual me hacía sentir totalmente desvalido y vulnerable.

A mi cabeza vinieron recuerdos de situaciones de tensión ya pasadas. Cuando me presenté al examen final para optar al cargo de profesor titular, cuando esperaba fuera del paritorio para el nacimiento de mi hija, cuando intervinieron a vida o muerte a mi madre en aquel quirófano. Todas esas situaciones me parecieron nimias comparadas con aquel estado de impotencia desmesurada.

Mi vida estaba en manos de una persona que no me podía escuchar. Y peor todavía. Mi cuerpo estaba dañado. Mi subconsciente me había querido engañar simplificando los síntomas que notaba padecer. Pero poco a poco comenzaba a darme cuenta de que estaba peor de lo que pensaba.

La falta de fuerzas era muy notoria. Cualquier movimiento que buscaba realizar, me costaba la misma vida. Los dolores que padecía eran en gran parte producidos por la inmovilidad en la que me encontraba. Las sujeciones de mis muñecas estaban de adorno. Los brazos se habrían quedado ya en esa postura aunque hubiesen estado sueltos.

Es cierto que el dolor mejoraba con los calmantes. Pero su efecto era tan satisfactorio como fugaz. No pensaba que estuviera muriéndome, pero, ¿y si era así y no era consciente de ello?.

Y en ese momento entró el médico para pasar sala. La visita a mi vecino fue rápida. Palmadita en la espalda y a seguir empujando. Parecía que había poco que hacer. Pero para mí eso era lo de menos. ¿Cómo era posible que ese hombre se estuviera muriendo sin una persona al lado que le sujetara de vez en cuando la mano?. ¿Realmente una persona se merecía morir así?.

Y en esos pensamientos vagaba cuando me di cuenta de que el médico ya estaba a mi lado. Bueno, a mi lado, aunque cualquiera podría decir que mi presencia era meramente decorativa. Mi hija se enfrascaba de manera posesiva en un monólogo sin fin en el que ponía al día al médico sobre cuestiones sin importancia sobre una supuesta vida mía, que al final desembocaban en un desarrollo inconsciente sobre cómo aquella situación iba a afectar a ella y su familia.

No daba crédito a aquella conversación. Ni a que ese médico se atreviera a hacer el más mínimo caso a esa loca desgraciada que estaba interviniendo por mí sin expresa autorización. Acaso no se daba cuenta de que el paciente era yo y que me tenía que respetar.

Estaba gritándole a la cara para que me atendiera y olvidara todo lo demás. Que tenía todavía mucho que decir en esta mi vida.

Pero él parecía haberse rendido a los encantos de mi bella hija. Es cierto que cuando era joven era más bella. Ahora esos kilos de más y ese maquillaje excesivo modelaban otro aspecto más artificial. Pero le servía por ahora. Me iba ganando. Y con ventaja.

Mi ánimo se bajó a los suelos cuando vi que el doctor se alejaba del lateral de la cama donde se encontraba a mi lado. Perdí el contacto físico con él. Ya me había explorado. Había cumplido con el trámite. Y ahora se encaminaba hacia donde estaba mi hija para caer rendido a sus encantos. Ella ya lo tenía atrapado y era suyo. Mi vida estaba en sus manos y ya era hombre muerto.

Se acercó a ella. Pensaba que iba a besarla delante de mí, para demostración palpable de que su victoria sobre mi voluntad era irremediable. Ella por fin se calló, y entonces, ...

Él la agarró por los brazos, la miró a los ojos, y le dijo.

- Señora, su padre necesita cuidados. No sabemos cuántos ni por cuanto tiempo. Pero nosotros estamos aquí para ayudarlo a él. Va a ser difícil en esta situación. Pero tenga por seguro que nuestro objetivo principal va a ser el atenderlo. El apoyo de su hija y de su familia también va a ser esencial, pero no podemos olvidar que el centro de la atención es él. Y vamos a poner todos nuestros esfuerzos en intentar comprenderlo y respetar sus decisiones

Y en mi cara se dibujó una sonrisa, que el médico percibió. Y grité como nunca lo había hecho. Esos gritos con los que te estalla tu propia cabeza.

Nadie más lo oyó, pero para mí fue suficiente. Había gente que todavía creía en mí. Y yo iba a luchar por lograrlo. Lo tenía que conseguir.

Primera partida ganada.

5

Hoy comienza una nueva misión.

Mi vida tiene un nuevo sentido. Todo vuelve a merecer la pena. Siento una fuerza nueva que invade mi cuerpo. Es como una vibración que va en aumento, que se alimenta de la mirada acusatoria que procede de mi hija.

Ella también notó mi sonrisa. Ella también notó el sentimiento de derrota de nuestra partida anterior. Pero estaba claro que no se iba a dejar amedrentar por este patético viejo. Iba a poner toda la carne en el asador en la siguiente batalla.

Siendo realistas, y viendo mi maltrecho cuerpo, a mí me quedaba poca carne que echar a ningún sitio. Aunque por supuesto no me iba a dar por vencido.

Toda mi vida estuvo llena de altibajos. En realidad, nunca pensé que fuera a llegar a viejo. Estaba en un buen momento cuando ha llegado este puñetero ictus que lo ha reventado todo. Y la crueldad de esta situación me eriza la piel. Había cosas que me quedaban por hacer y todo esto no ayuda nada.

Siempre hay agujerillos por tapar, pero, mirándolo fríamente, los míos son volcanes. Es cierto que estos últimos momentos he estado centrado en comprobar cómo morirme, pero, viendo que no ha llegado mi hora, quizás deba ponerme a pensar de qué manera voy a ordenar todo lo pendiente con este cuerpo de mierda que se me ha quedado.

Quién me iba a decir a mí hace 50 años, cuando veíamos tan de cerca el final de la dictadura franquista, con tantos planes a corto plazo, y al tiempo, también con miedo por el hecho de comenzar a descubrir la libertad, que todo se iba a ir al garete en poco espacio de tiempo.

Llegaba a trabajar a la Universidad como cada tarde. Mis pasos alegres golpeaban ruidosamente los escalones de la escalera de acceso al primer piso del Rectorado. Eran las tres en punto. Tenía tres clases por delante de Historia del Arte esa tarde. Todo estaba preparado, por lo que me quedaba una hora para tomarme un café con hielo en esa calurosa tarde de mayo en la sala de profesores que teníamos en el departamento.

A esa hora siempre había gente, porque entre los que llegábamos y los que se iban, se solapaban ratos de charlas e intercambio de impresiones, que en multitud de ocasiones se convertían en interesantes debates sobre casos concretos. Interesantes para los que estábamos locos por ese tema. Entiendo que la gente que nos escuchara desde fuera bostezaría con fuerza a los minutos de aguantarnos. Pero, claro, allí daba igual. Estábamos todos igual de locos.

Y entonces entró ella. Con su imponente seguridad, a pesar de sus pocos más de 150 centímetros de altura. Es cierto que aquellos tacones la hacían más alta, pero su cara demostraba medir mucho más. Tanto como para comerse a quien se le pusiera por delante. Y claro, ahí estaba yo mirándola, con cara de bobo. Esa cara que vista de fuera tenía un enorme cartel detrás con letras bien visibles que decían: CÓMEME A MÍ.

Y vaya si me comió. Fue algo que no soy capaz de describir. Esa noche la pasé en un hostal del centro, después de pasar horas conversando sobre cosas maravillosas. Parecía que mi alma gemela se había posado junto a mí en ese preciso instante en el que entró por la puerta. No recuerdo qué dije en esas tres clases, pero no podía dejar de mirar el reloj ansioso porque llegaran las 8 de la tarde, momento en el que había quedado con ella en el café de la esquina.

Seguro que mis alumnos notaron que algo pasaba. Yo que era tan estricto, tan ordenado en mis clases, aquel día fue todo un desastre. Pero fue un desastre maravilloso, porque todo tenía un sentido. Las preguntas de mis alumnos sin respuesta por mi parte, sus risas y burlas hacia mí. Todo era parte de una situación normal que tenía un sentido definitivo. Y era que una vez que pasara todo, iba a reunirme con ella.

Sara había dicho que se llamaba. Fue ella la que se acercó, y desde el primer momento fue la que llevó la voz cantante. Yo me dejé llevar como un corderillo asustadizo que hace caso al perro pastor sin ningún tipo de duda. Yo, ese señor serio y educado, reservado y bien casado, con una vida satisfecha y un trabajo adecuado.

Quizás lo que más me impresionó de ella fue su autoestima desbordada. Siendo objetivo, era una muchacha normal. Con unos preciosos ojos marrones, su pelo largo algo ondulado, y una sonrisa que embelesaba a cualquiera.

Unos modales muy educados y correctos y poco más. Su ropa era normal. Más bien tirando a modesta, y apenas utilizaba maquillaje. Sus mejillas sonrojadas eran de cosecha propia. Y un toque de carmín finalizaba sus labios.

Todo en ella me parecía prefecto. Tenía una luz que la envolvía que me hacía perder los pocos papeles que tenía.

No entraba en mis planes en ese momento que hubiera un pasado ni un futuro. Nada tenía la más mínima importancia. Sólo el presente. Ese maravilloso presente que me convertía en un ser feliz, pleno, sin que me importaran ninguna de las posibles consecuencias que podría acarrear aquello.

Mi mujer no fue consciente en ningún momento de aquella barbaridad en la que se estaba convirtiendo mi vida. Esa noche porque estaba de viaje. El resto de los días porque inventé tantas y variopintas excusas que conseguí esconder aquella aventura durante todo el tiempo que duró.

La pasión que sentía correr por mis venas de manera incontrolada me convirtió en una persona completamente distinta. Nada me daba miedo y todo lo que hacía o pensaba estaba infundido por un valor de origen desconocido que me controlaba y hacía bullir en mí emociones hasta entonces desconocidas.

Esas noches en su casa, esos paseos nocturnos y furtivos, ese olor a unas barritas de incienso que decía que procedían de la India, con un olor inconfundible, que nunca más volví a oler, que me transportaban al nirvana, algo de lo que ella me hablaba con asiduidad.

Conocí mi ciudad como nunca antes la había visto. El color anaranjado de la noche sevillana tenía un tono distinto. No me cansaba de pasear abrazado a ella. Las noches eran eternas. Y nuestras caras al día siguiente en la Universidad daban buena prueba de ello.

No había jardines, bares, plazas y esquinas que no conociera por primera vez con ella que no me parecieran inolvidables.

Y sus besos. Aquellos apasionados besos que me transportaban. No me importaba que algún conocido me viera. Era complicado porque mi círculo a esas horas estaba más que durmiendo. Aún así era secundario. Sólo tenía ojos para mi amante. Amante porque la amaba. Más de lo que se podía a querer a una persona. Sentía un fulgor interno que me desbocaba desde el primer instante en que la veía.

El enorme centro hispalense me parecía una pequeña plazuela. Lo recorríamos de punta a punta. Mis conocimientos sobre la Historia del Arte, unidos a mi afición por la historia de mi ciudad, me convertían en un cicerone circunstancial que disfrutaba con todos los descubrimientos que cada noche le presentaba a esa perla que había entrado en mi vida.

Recorríamos el barrio de Santa Cruz como si fuera el salón de nuestra futura casa. Las estrechas calles, hermosas como enredaderas, comenzaban en los Jardines de Murillo dispersándose hacia el interior cual serpientes que buscaban alimentos. Cada día elegíamos un destino.

Unos días llegábamos hasta la catedral y el río. Esa salida por Mateos Gago siendo absorbidos por la impresionante Giralda le maravillaba. El empedrado provocaba un sonido repiqueteante en nuestra llegada, que unido al sonido de los coches de caballo nos transportaba a otra época.

Otros días decidíamos atravesar por Patio de Banderas para recibir los olores procedentes del Alcázar y llegar a la Torre del Oro por Entrecárceles, pasando por la Casa de la Moneda y haciendo una parada para besarnos furtivamente en los alrededores de la Torre de la Plata, que estaba escondida de las miradas indiscretas.

También nos encantaba salir por Santa María la Blanca hacia la zona de la Judería. Había tantas iglesias y rincones por conocer, que siempre tenía la sensación de que no había tiempo suficiente en una vida para conocer esa hermosa ciudad en profundidad.

Disfrutaba de todos y cada uno de los momentos que pasaba con ella. Estaba ansioso de más momentos, ardía en deseos de empaparme de ella. No era algo eminentemente sexual. Era intelectual, emocional, sentimental, espiritual. No sabría cómo definirlo. No concebía un amor más grande. Todo podía tener sentido si ella estaba a mi lado.

Aprovechando la ausencia de mi mujer, un fin de semana nos fuimos a disfrutar de la bella y cercana sierra de Huelva. Alquilamos una preciosa casita en el centro de Fuenteheridos, un pueblecito tranquilo cercano a Aracena. En aquella época no estaba tan de moda el turismo rural, pero la temperatura bajaba considerablemente con respecto a Sevilla, y el olor a campo, a chimenea de leña, a castaño y roble, hizo que esos días tuvieran un encanto especial.

Comimos de maravilla. Sara no era de mucho comer, pero ese queso, esas carnes, y, sobre todo, ese jamón, hacían que cada momento en el que nos sentábamos a la mesa fuera enormemente placentero.

Además, allí fue donde le hice mi primer regalo. Es cierto que el pueblo apenas tenía tiendas, por lo que fuimos a pasar el domingo a Aracena, y entramos en una tienda del centro que, pese a estar todo cerrado, permanecía abierta para vender todo tipo de recuerdos. Cuando la vi mirarla, decidí regalársela rápidamente. Una preciosa cadena plateada finalizaba en una hermosa piedra verde de Jade, que embellecía todo su rostro, que parecía iluminado.

Y su sonrisa estuvo presente en esa preciosa cara durante todo el día. Me sentía henchido de orgullo por haber acertado con aquel presente. No era yo muy ducho en esas situaciones, pero en aquella conseguí sorprenderla.

Todo era maravilloso esos días. Y los que faltaban por venir. Mi cabeza hacía todo tipo de planes para poder pasar más tiempo con ella.

Y un día, desapareció.

No las emociones, ni los sentimientos, ni el valor. No, eso tardó años en desaparecer.

No, desapareció ella. Sin explicaciones, sin acuse de recibo. Simplemente, desapareció.

Y ahí me quedé yo. Destrozado, sin norte, sin un lugar hacia el que dirigirme. Yo, que habría dado cuanto era por esa mujer, estaba allí, solo, abandonado, desprotegido, sin saber qué hacer con mi maltrecha vida.

A partir de ahí, todo cambió para siempre. Ya nada tenía un sentido suficiente para avanzar. Intenté suicidarme varias veces, pero ni de eso era capaz. Me convertí en un cobarde. Y me refugié en el trabajo.

Pasaba horas y horas en mi despacho. Estudiaba y me preparaba como el más adelantado de mis alumnos. Preparaba las clases con ahínco, sin que se me pudiera escapar ningún detalle. Día y noche intentaba ocupar los espacios vacíos de mi cerebro y, por supuesto, de mi entristecido corazón, con información y más información, de manera que no quedaran resquicios donde mantener ninguno de esos maravillosos recuerdos.

Cada día levantaba la vista al escuchar la puerta de entrada de la sala de profesores cuando se abría, con la vana esperanza de que apareciera nuevamente por ese acceso y me pidiera unas sinceras disculpas con una excusa vulgar. No me importaba. Cualquier cosa me valía.

Ayudó mucho que mi mujer ya viviera refugiada en su trabajo y en nuestra hija. Bueno, en su hija, porque entre que yo no era el mejor padre del mundo y que ella, entre un viaje y otro se llevaba a la niña y a su madre (esto me daba más igual), mi relación con el trío de la muerte, que era como las llamaba, iba de mal en peor.

Así que mis días se encaminaron hacia un futuro incierto, que no me importaba, y sentía la imperiosa necesidad de poner fin de una manera trágica.

Sin embargo, y en contra de lo esperado, años más tarde mi vida dio un giro de timón que nadie podría prever en ese profesor encanecido a pesar de su juventud, con un vestuario limitado y un andar cansino que se dejaba arrastrar por los pasillos de la Universidad a horas intempestivas. De hecho, corrían rumores de que vivía allí. Cuestión que, por otra parte, me la había planteado varias veces. Odiaba subir a casa, y el trabajo era lo único que avivaba mi llama. Además, mi vida matrimonial iba deteriorándose con el paso del tiempo, por lo que no me apetecía subir cuando llegaba de la Facultad.

De hecho, el bar de abajo se convirtió en mi refugio. En esa esquina devoraba libros hasta que Pepe, el camarero incansable y cargado de infinita paciencia, me despertaba a veces, ya de madrugada, con un libro encima, y me acompañaba hasta arriba. A veces pienso que incluso llegó a meterme algún día en la cama, aunque él nunca me lo reconociera.

Pues, como decía anteriormente, que me voy por las ramas, una mañana, cuando entré en la sala de profesores, en la zona destinada a las cartas de cada profesor, pude ver a lo lejos que una ocupaba mi casillero. Me llamó la atención porque era inusual que hubiera alguna carta. No recibía muchas allí, de hecho, no solía mirar en esa dirección. Pero ese día algo me llamaba desde ese lugar.

Recuerdo perfectamente percibir el perfume impregnado en la carta, que hoy en día podría definir perfectamente con todos sus matices. No sé a que olía, pero desde el primer momento sabía quién era su remitente.

Habían pasado cinco años. Demasiados para algunas cosas y muy pocos para otras. Y ahí me encontraba, paralizado, sin saber qué hacer con esa misiva con mi nombre escrito con bellos trazos, sellada en la oficina de Correos de Frankfurt, que quizás diera respuestas a tantas preguntas insatisfechas. O quizás no. Era posible que aquello empeorara mi situación, que volviera a hacerme retroceder y sumirme nuevamente en ese letargo que me alejó del mundo real durante tanto tiempo.

Así que la guardé en mi desgastado maletín, lo posé en una de las sillas de la larga mesa de la sala de profesores, y allí lo dejé encaminándome para comenzar la primera de mis clases.

Ese día, aunque por circunstancias distintas, mis clases fueron igual de horrorosas que hacía cinco años. Además, el final de aquella jornada no sabía qué resultado iba a tener, por lo que se me hizo más tediosa de lo habitual, y no quiero imaginar cómo fue para mis desesperados alumnos, ávidos de conocimientos, aunque, al ser ese día viernes, con la cabeza puesta en el fin de semana.

Por lo que, entre que mis alumnos no me atendían, y que yo no estaba allí, ese día pasó con más pena que gloria, y probablemente nada de lo enseñado fuera recordado por esos futuros historiadores en su desempeño laboral. Finalizadas las clases, recogí el maletín, y me dirigí a la cafetería donde todo comenzó. Me pareció romántico y una especie de amuleto de la suerte.

Sinceramente, no sabía qué esperar de aquella carta. No podía imaginar qué diría. Y quizás fuera un alivio el saber que procedía de Alemania. Al menos no estaba cerca para volver a enfrentarme a tantos fantasmas contra los que había tenido que combatir durante aquellos años tan duros.

Me senté en un rincón de la cafetería, pedí un café con la mirada, y me dispuse a abrirla. Noté mis dedos temblorosos, por lo que aconsejé al camarero que el café se convirtiera en carajillo. El anís en dosis correcta era un gran ansiolítico. Así que apuré mi bebida, y ya más calmado abrí el sobre y desplegué la carta sobre la mesa.

Y en esas líneas aparecieron las palabras que volvieron a dar sentido a mi vida.

La ristra de camareros de este bullicioso y conocido restaurante de la capital andaluza danzaba con una coreografía insólita, con una música compuesta por comandas, timbres procedentes de la ventana de la cocina y una música de fondo de risas y comentarios surgidos de todas y cada una de las mesas que conformaba ese salón engalanado como un patio sevillano.

Incluso las mesas ocupadas por extranjeros turistas, se encontraban con el permiso de elevar la voz, algo tan mal visto en sus países de origen. Allí parecía estar todo permitido. Aunque es cierto que la cerveza así lo facilitaba. Nadie diría que en esas mesas se estuviera hablando de nada serio ni importante. Todo eran banalidades, chascarrillos y bromas. La gente se lo estaba pasando bien.

El restaurante estaba en pleno centro, y decorado con dudoso gusto. Pero la comida era excelente. La conexión entre Sevilla y las playas de alrededor facilitaba la llegada de pescado fresco diariamente, por lo que este tipo de negocios ofrecía una excelente relación de calidad y precio. Esa era una de las principales razones por las que esta ciudad era una de las principales atracciones turísticas del país fuera de la temporada veraniega.

Si veías a turistas en esa época por Sevilla, algún vendedor los había engañado. O se habían aprovechado de unos reducidos precios, que no iban a poder compensar con las montañas de protectores solares y aftersun que iban a tener que comprar durante esas inolvidables vacaciones.

En este local no estaban ese tipo de clientes. El nivel adquisitivo era mayor. Se mezclaban reuniones de negocios con turistas bien vestidos. Para ser un miércoles estaba lleno. Y tenía pinta que sin reserva o un buen contacto, no era fácil comer allí

Pero en una de las esquinas, algo no iba bien. Una señora elegante compartía mesa con un desmesurado señor con un traje dos tallas más pequeñas. Ella mantenía las gafas de sol puestas, como si escondiera algo. O como si quisiera pasar desapercibida. Sus semblantes eran serios.

Tal vez se podría decir que estaban preocupados. Algo no iba bien. Sus platos estaban sin tocar, y era la tercera ronda de bebidas que servía el camarero. De hecho, se interesó por la comida, por si hubiera algo que no fuera de su agrado. Pero apartaron al chico de malas maneras. No cabía dudas que en la siguiente ronda que pidieran ese chaval iba a escupir en sus copas antes de servirlas.

La elegancia de la señora denotaba que años anteriores fueron mejores. No es que no fuera guapa, sino que había algo en ella que chirriaba. Por supuesto, el exceso de maquillaje no le favorecía. Tampoco el vestido, algo pasado de moda. Pero era el conjunto el que no afinaba. Como si quisiera aparentar más de lo que podía.

El señor era muy extraño. Era bastante más joven que ella, aunque no tanto como para ser su hijo. Era rudo en sus formas, y su aspecto era el de un perro constantemente disgustado, rabioso. Pareciera que iba a saltar en cualquier momento para clavar sus fauces en el primer gallito que se le cruzara.

El rostro de la señora mutaba entre incomprensión y furia. Pareciera que en cualquier momento iba a estallar contra el primer iluso que se pusiera por delante. Pero parecía que ya había elegido candidato.

Miraba a su acompañante clavándole los ojos, y de su boca comenzaron a salir de manera lenta y acompasada palabras que herían como un afilado cuchillo.

- Te he pagado mucho dinero para encontrar ese puñetero libro o lo que sea que esconde. No creo que sea tan difícil robar a un viejo que, además, está enfermo e ingresado en un hospital, ¿no crees?

- Lo siento mucho, Señora Lobo – empezó a decir el hombre cuya palidez facial se hacía cada vez más evidente.

- No te pago para oírte disculpas absurdas.

- Tengo a todo mi equipo buscando – comenzó a decir – Ya hemos registrado todos los lugares donde tenemos constancia de que el Señor Lobo podría esconderlo. Todas sus posesiones han sido inspeccionadas.

- ¿Eso es todo lo que tiene que decir? – preguntó amargamente la señora, que también comenzaba a palidecer.

- De hecho, en nuestra estrategia estaba contemplado haberlo hecho hablar por otros métodos, pero hemos conocido la aparición de una situación clínica que le impide hablar, por lo que dimos marcha atrás. Es más, usted nos dijo que no utilizaba internet ni Smartphone. Aún así hemos hecho un barrido y no hemos encontrado nada. Ni una nube ni ningún archivo que haya a su nombre. No existe ningún registro de que su padre tenga un testamento ni nada parecido. Además, según hemos podido saber, su estado es bastante delicado, por lo que, si fallece, ya no tendrá usted ningún problema, ¿no es así?

- Pues no es así, querido estúpido. Ese libro no sólo es importante por lo que contiene. Las patentes deben estar en ese libro, pero estoy segura de que hay algo más. Parte de la vida de mi padre sigue siendo una incógnita para mí y para todo el mundo. Y si ese libro cayera en las manos equivocadas, toda la herencia podría desaparecer de mi vista. Después de haberlo aguantado toda mi vida. Sería lo que fuere, pero nunca fue un estúpido. Seguro que algo guardó. Le encantaba escribir, y siempre decía que su vida quedaría reflejada en sus libros, y que alguna sorpresa aparecería de manera inesperada. Yo siempre pensé al principio que lo decía en plan poético. Que los libros que él leía definirían su vida. Pero después me di cuenta de que se refería a lo que escribía. Un día que me lo encontré, que estaba bastante borracho, me lo dio a entender. Es cierto que no lo dijo como tal, pero me di cuenta de que su cara cambió cuando se percató de que se le habían escapado esas palabras. Y yo me hice la tonta, pero lo percibí claramente. Y desde entonces, desconfío más de él.

- Está bien, señora. Redoblaremos los esfuerzos. Tiene que haber algún sitio donde esté escondido. Mi equipo es el mejor, y lo encontrará. Aunque, permítame que le haga una pregunta. ¿Es posible que el libro ya lo pudiera tener una persona?

- No entiendo quién. Mi padre era un huraño y un loco. No dejaba acercarse a nadie. En su vida sólo quedo yo como heredera. Es cierto que no teníamos apenas contacto, pero nunca lo perdí de vista. Había mucho dinero en juego y él, a pesar de su vida extraña, ganaba mucho con las máquinas esas que había inventado estando en Alemania, y el resto de su vida se dedicó a vivir de las ganancias. Las patentes seguro que están en ese libro, pero estoy segura que hay algo más que siempre me ocultó.

El señor de traje cambió su semblante, levantó la mano pidiendo un par de cervezas más (que llevaría saliva incorporada del joven camarero rencoroso), y se acomodó nuevamente en la silla.

- ¿Y no sería posible que el libro estuviera en Alemania? – preguntó de manera interesada.

- Ya lo pensé – contestó distraídamente la señora mientras jugueteaba con el tenedor destrozando la maravillosa corvina a la plancha que se enfriaba en su plato de porcelana – Pero no lo creo probable. Mi padre no va a Alemania desde hace muchísimos años. Y el libro lo querría tener cerca. Pienso que dormiría abrazado a él.

- Y, ¿te has planteado que podría haber venido alguien de Alemania a recoger el libro?

- No entiendo lo que me dice. Mi padre fue a Alemania hace 50 años. Nunca más volvió allí. Nunca descubrí para qué fue, pero él era historiador. Siempre pensé que fue allí para ver o comprar cuadros. No estuvo ni siquiera un par de años. Yo lo recuerdo vagamente, porque era pequeña. Además, vivía más con mi madre. Ella viajaba mucho y yo la acompañaba. Pero allí conoció a un ingeniero, y entre los dos investigaron con mezclas de colores. Al volver, pasó horas en un taller con un amigo, hasta que inventó unas máquinas que mezclaban colores de manera automática. Y se hizo rico. Al menos lo suficiente para no volver a trabajar en su vida. No creo que mi padre hiciera otra cosa en Alemania que trabajar. De hecho, no creo que mi padre hubiera sabido hacer otra cosa en su vida.

La cara del criminal se tornó en una mueca que parecía una sonrisa. De hecho, podría decirse que era una expresión de felicidad. Pero más allá de ese propósito, sus palabras demostraron un sarcasmo que heló la sangre de la señora Lobo, haciendo que los cubiertos se deslizaran entre sus dedos para caer estrepitosamente en el suelo de mármol, y que las miradas de todos los comensales que se encontraban alrededor se volvieran hacia la extraña pareja, que por un instante se convirtieron en el centro de atención de todo el restaurante.

- Entonces - comenzó a decir el cada vez más engreído personaje - ¿no sabía usted que tenía una hermanita?

Y ahí fue cuando cayó al suelo desplomada.

7

La misiva que estaba encima de la mesa no llegaba a media cuartilla.

Se apreciaba la letra temblorosa en los trazos que definían la mejor noticia que podía recibir en ese momento.

Las palabras estaban ausentes de reproches y de disculpas. Eran una mera descripción de una situación en la que yo no tenía ni voz ni voto. Una nueva vida que había comenzado sin mi permiso, porque al parecer no tenía ningún sentido la consulta hacia mi persona.

Pero el detonante aparecía al final de la carta. Mis labios temblaron al pronunciar esas palabras hacia mi interior, las cuales encendían una luz en toda la oscuridad en la que estaba incurso, tras cinco años levantándome destrozado cada mañana, para afrontar el día sin fuerzas y sin esperanza por vivir.

Pero esas palabras sonaban en mi cabeza como los acordes del Invierno de Vivaldi. Esos violines acompañaban mis palabras convirtiendo el momento en inolvidable.

De aquellos tres meses de eterna pasión, la vida me había regalado un fruto que le daba sentido a todos los sufrimientos anteriores.

Teníamos una hija en común.

Aquello sonaba tan maravilloso, que nada podría interrumpir esa noticia tan sorprendente a la vez que esperanzadora. Bien es cierto que después decía claramente que no quería saber nada de mí, que no fuera a buscarla, y cosas como esas. Pero aquello no lo leí, o quizás no me interesó.

Lo importante era la noticia que acababa de conocer, y que me infundió una fuerza renovadora, que hizo que mi cabeza hirviera como una olla exprés, donde bullían todo tipo de alternativas, que me impedían centrarme en el presente.

Por supuesto, esa noche no dormí. Mi cabeza no sólo era un hervidero, sino que la emoción que me embargaba sobre la noticia de ser padre, me provocaba sensaciones que me alejaban cada vez más de la ciudad de Sevilla. De repente, Alemania me pareció una tierra llena de oportunidades. Es cierto que yo tenía mi vida resuelta aquí, pero esa necesidad de aventuras que nunca había conocido en mi aburrida vida ganó enteros.

Así que, durante los siguientes días, busqué razones por las que ir a Frankfurt tuvieran un sentido. Sentido para los que me rodeaban, claro. Porque, a pesar de las advertencias de Sara, yo quería conocer a esa niña con todas mis fuerzas.

Y lo encontré. Mi Universidad tenía un convenio con una Universidad cercana a Frankfurt. Una especie de asesoría sobre cuadros españoles que estaban en un museo de Stuttgart. Por lo que tenía 6 meses por delante, pagados por la Universidad, para estudiar unos cuadros de Velázquez, de los cuales no tenían muy clara su autoría, y aprovechar el tiempo libre que me quedara.

La idea me pareció irrechazable. La ilusión hizo que todo me parecieran ventajas. Y con esas, preparé las maletas, y me encontré en un tren repleto de inmigrantes, con sus vidas enteras en el equipaje, pero haciendo algo totalmente distinto a lo que yo hacía.

Ellos se embarcaban hacia lo desconocido abandonando sus vidas rodeadas de miseria, mientras que yo abandonaba mi cómoda vida hacia un sinsentido que a mí me parecía maravilloso.

En común sólo estaba la ilusión por un futuro mejor. Aunque ese futuro soñado fuera tan diferente.

Y, la verdad, la cosa no salió como yo la planeé. El trabajo fue sencillo. Yo era un experto en obras de arte, y no me fue difícil trabajar con aquellos colegas ávidos de información sobre pintura española. Me trataron como a una eminencia en la materia, y mi relación con ellos fue magnífica. Mi buen manejo del inglés sirvió para adaptarme rápidamente, y en mis ratos libres aprendí el alemán. Ciertamente tenía facilidad para los idiomas.

Aquella Alemania que me encontré estaba en pleno desarrollo. Las ciudades crecían de manera exponencial con la llegada de personas de todas las partes del mundo. Y entre ellos, miles de españoles que seguían huyendo de la posguerra nunca olvidada, en busca de un futuro mejor para los descendientes que quedaban en España.

De hecho, yo me encontraba entre los privilegiados que tenían un trabajo bien remunerado. Los inmigrantes que llegaban se ocupaban de todos los puestos no especializados que no necesitaban dominar el idioma. A partir de ahí había que avanzar en función de las capacidades de cada uno. Y el idioma era un importante hándicap.

Yo tenía una importante ventaja. Además de mi estatus, la facilidad para los idiomas, como he comentado anteriormente, mejoraba mi posición. En poco tiempo lo entendía perfectamente, y con constancia conseguí comenzar a utilizarlo cada vez con más fluidez.

Pero mi aspecto denotaba mi procedencia. Y a mí me parecía de lo más divertido hacer vida en la calle, recibiendo las bromas en alemán, conscientes de que no las entendía. Intentando engañarme. O simplemente ejerciendo su superioridad moral por la ventaja lingüística. Me encantaba la cara que ponían cuando les contestaba en mi alemán cada vez más correcto.

No buscaba confrontación. Nunca me encaré con nadie. Simplemente les respondía de manera educada. Esas palabras hacían más daño que cualquier insulto o improperio. Era una forma sencilla y sensata de decir, aquí estoy yo. No he nacido aquí, mi aspecto no es el vuestro, pero, aunque usted no lo crea, puedo hacer lo mismo que cualquier alemán. Incluso dejarlo en evidencia en su propio terreno.

Siempre me había encantado pasear. Era un vicio barato y sano. Y me ayudó a mimetizarme con el entorno. La forma de vestir. La distancia social. Los saludos. Era un gran observador y me encantaban los pequeños detalles. Y todos ellos los incluía en mi ser. Me alemanizaba porque notaba que mis compañeros agradecían esos cambios.

Y poco a poco me iba acostumbrando a la vida allí. Eso no quiere decir que mi cabeza no pensara en volver todos los días. Pero también es cierto que la esperanza por encontrar a mi hija me hacía plantearme diferentes escenarios sobre un futuro cercano.

No me iban a faltar ofertas de trabajo. El Arte era un bien inmaterial muy apreciado en todo el mundo. Y la pintura española estaba repartida por todos los países. Después de que los españoles hayamos estado peleados y combatiendo contra tantos reinos, nuestro arte ha sido exportado de todas las formas posibles a todos los países del viejo continente. Y Alemania no era menos.

De hecho, había interesantes museos en el sur de Alemania que podían ser buenas opciones. Estuve indagando sobre ellos algunos días cuando sentí la necesidad de quedarme más tiempo. Pero al final, después de estudiar algunas ofertas de trabajo, ni siquiera me presenté a las entrevistas.

Total, mi objetivo en aquella estancia era otro. Y no debía desviarme ni perder el tiempo en cuestiones que podrían resolverse más adelante. Es por ello que me centré en mi trabajo.

Pero hasta aquí llegan las buenas noticias.

El resto fue desesperante. No conseguía encontrar ningún lazo que me pudiera hacer conectar con Sara. No había constancia en ningún Registro sobre ella y mi hija. Conocí a personas españolas que residían allí, pero nadie la conocía. Recorrí pueblos enteros. Hablé con todo el que pensaba que me podía dar alguna información.

Pero nada. Tenía la certeza, a veces, que me había gastado una broma pesada. Otras veces pensaba que alguien en Sevilla nos había visto, se lo había contado a mi mujer, y ella se había vengado de mí falsificando esa carta, con la idea de volverme loco.

Aún así, en mi interior algo me decía que todo era real. Que mi hija estaba ahí esperándome, pero que solo necesitaba un golpe de suerte para encontrarme con ella.

Continué golpeándome día tras día contra esa pared que me impedía encontrarme con ella. Cuando creía haber encontrado una pista que me acercaba a ella, todo quedaba en agua de borrajas. Había muchos españoles repartidos por el país, pero ninguno era ella.

Era desesperante. El tiempo corría inexorable en mi contra. No porque tuviera nada que hacer. Simplemente aparecía la desesperación porque cada vez veía más lejos encontrarlas.

Había días que todo se nublaba. No sólo el cielo, que era casi a diario. Sino mis ideas. Mi vida dejaba de tener sentido porque el sentido que le quería dar se me escapaba de entre los dedos.

El trabajo no era ningún problema. Ya habían pasado más de seis meses, pero los alemanes se buscaron las alternativas para retenerme más tiempo. Mi presencia les beneficiaba enormemente, y a mí me venía de perlas. Me aumentaron el suelo, con el fin de alagarme y mantenerme en mi puesto. Pero no era suficiente.

Y es que, esos dos años que pasé en Alemania fueron totalmente infructíferos para mi búsqueda. El único consuelo, aunque en ese momento no servía de nada, fue mi amistad con Hans.

Lo conocí de casualidad en la cafetería de la Universidad. Un día se sentó a mi lado mientras desayunaba con uno de mis compañeros. Se conocían de haber estudiado juntos en la escuela. Empezaron a charlar, y yo, necesitado de conversación en alemán, me uní a ellos. Con el paso de los días estas reuniones se repitieron. Fueron seguidas de reuniones con grandes jarras de cerveza para olvidar el trabajo diario. Y así nos hicimos amigos.

De hecho, comencé a verlo todos los días. Pese a que nuestra relación era complicada por el idioma, esto no fue más que un acicate para pasar más tiempo juntos. Ambos estábamos solteros (yo no, pero casi), por lo que teníamos todo el tiempo del mundo para enfrascarnos en nuestras historias.

A los dos nos gustaba el arte y la ingeniería, y nos retroalimentamos mutuamente en nuestras pasiones. Yo mejoré enormemente mi alemán, él aprendió un aceptable castellano, y entre los dos dimos rienda suelta a nuestras ideas revolucionarias sobre las máquinas.

Pasábamos horas juntos diseñando, pero lo más excitante era cuando después de algunas horas sin vernos, y tras trabajar cada uno en las locuras que ideábamos, el encuentro a veces se tornaba imposible. Habíamos ideado los dos lo mismo sin hablar del tema. Era algo que no podíamos explicar.

Nos volvimos dos locos sin control. Incluso en algunos de esos días desapareció de mi cabeza el objetivo de mi viaje. Era como si todo aquello fuera un bálsamo de aceite en mi mar de preocupaciones. Nuestras máquinas eran en su mayoría creaciones utópicas. Pero de tanta utopía, cuando dejamos de delirar y utilizamos la parte operacional de las mismas, adaptándolas a la época en la que nos encontrábamos, y obviando la ciencia ficción, empezaron los resultados.

Y de ahí salió una que nos hizo ricos. Creamos un sistema de mezclas de colores automática, que fuimos mejorando conforme realizábamos pruebas. Patentamos la idea y conseguimos venderla a una importante multinacional. Todo sucedió como un juego.

Pero nada de ello pudo hacerme olvidar la razón por la que estaba allí. Yo vivía sumido en una tristeza inconsolable. Hans se comportó como un socio fiel y se hizo cargo de todos los detalles. Nunca me preguntó qué hacía o qué buscaba. Y yo nunca se lo conté. Me parecía un secreto tan importante, que no lo quería compartir con nadie más. Mi energía estaba destinada a buscar desesperadamente a mi hija. Ninguna otra cosa en el mundo merecía más la pena. Pero no fue posible.

Me volví a Sevilla para poner en marcha en España la empresa creada en Alemania. Hans me acompañó porque no se fiaba de mí, pero también porque yo se lo pedí encarecidamente. Él era la parte tecnológica, y lo necesitaba para poner en marcha el negocio. Después cada uno dirigiría la empresa desde su país.

En el tren decidimos que el nombre de la empresa en España sería distinto. A nivel de impuestos era mejor que estuvieran separadas en un principio, para después decidir su fusión en un futuro en que fuera beneficioso. Es por eso que había que decidir un nombre antes de comenzar con los trámites.

Yo lo tenía claro. Debía ser un acrónimo que resultara sencillo y fácil de recordar. Para mí sólo había una alternativa. El objeto de mi búsqueda de los últimos años, que me había frustrado hasta la desesperación, había dejado en mi cabeza un nombre que se repetía cada segundo hasta haberse convertido en una redundante cacofonía que me perseguía mientras me arrastraba por la vida.

Por eso, mi empresa debía tener su nombre. Era lo único que le daba algo de sentido a esa ínfima llama de esperanza que seguía manteniendo. Así que no tuve ninguna duda. La empresa se llamaría:

ANA

8

Después de un rato que al dueño del restaurante le pareció interminable, ya que creía que había sucedido algo por culpa de la comida que se les había servido, Macarena poco a poco se fue recuperando.

Su cuerpo se había deslizado por la silla enmoquetada hasta dar con sus huesos en el suelo. Aunque también es cierto que una capa amortiguadora había frenado la caída. No es que estuviera gorda, pero un ayuno de varios días no habría venido mal. Aunque, en aquel momento, los airbags funcionaron a la maravilla, por lo que la Señora Lobo no había sufrido ningún percance.

Había sido un desmayo causado por una noticia inesperada. Tanto como inoportuna. Cuando en su cabeza las probabilidades de desestabilización de su futuro próximo estaban controladas, aparecía una actriz en escena que lo complicaba todo.

Es cierto que la noticia no fue anunciada con mucho estilo. Esa sonrisa maliciosa con la que había soltado las palabras ese imbécil se la iba a borrar algún día. De eso no tenía dudas. Y él tampoco las tendría cuando fuera consciente de con quién estaba jugando sus cartas.

Había una nueva complicación, pero la guerra que había comenzado tendría varias batallas. Y si las cuentas no le fallaban, iba a tener mucho dinero a su disposición. A partir de entonces iban a pagar todos los imbéciles que se habían interpuesto en su camino. Así que el que estaba delante de ella ahora mismo iba a ser de los primeros.

Tardó algo más en incorporarse por la vergüenza que la invadió cuando se comenzó a dar cuenta de lo que le había sucedido. Pero sobre todo cuando empezó a digerir las palabras que aquel desgraciado le había comunicada sin anestesia previa. No quería abrir los ojos. No podía entender lo que estaba pasando.

Su padre siempre fue un trabajador nato, y después un vividor nato. Pero siempre lo consideró un triste. No podía concebir que pudiera tener otra hija. De hecho, su preocupación única era encontrar un testamento o algo que la pudiera perjudicar.

Nunca tuvieron una buena relación, aunque lo cierto es que a ella no le faltó de nada. Sin embargo, tenía dudas de que fuera a dejar el mucho o poco dinero que tuviera, a una hija que no le tenía ningún aprecio. Podía donarlo a cualquiera sabe qué monjitas, para terminar de destrozarle los nervios, que ya de por sí tenía de puntas.

Y cuando contrató a ese señor para saber qué había detrás de su padre, fue cuando descubrió la inmensa fortuna que poseía, y no quiso que se le escapara por no hacer las cosas bien desde el principio. Así que buscó con ahínco algo que le aclarara el camino.

Primero a través de la agencia de detectives. Pero después fue ella misma la que entró en su casa. No se le podía escapar ningún detalle. Tenía la opción de preguntarle a Hans, pero no confiaba en él. Seguro que se pondría de parte de su padre y comenzaría a sospechar algo. Así que era mejor no comentar nada.

Ya bastante había hecho con avisarlo por el empeoramiento de su padre. Y tenía serias dudas de si no se le volvería en su contra. Ahora se arrepentía de aquella llamada.

Así que tenía otro problema. El Señor Martín, que así decía llamarse, aunque estaba claro que no era real, la había puesto al corriente de ese detalle que para él no había tenido ninguna importancia. La copia de una carta fechada hacía más de cuarenta años, con matasellos alemán, en la que le anunciaba con parcas palabras la noticia del anuncio de una hija por parte de alguien llamada Sara, y que dejaba a las claras que no quería tener nada que ver con su padre.

Pero haciendo rápidos cálculos, esa fue la época en la que su padre marchó a Alemania. Y seguro que, haciendo caso omiso a las recomendaciones, fue a buscar a su hija.

A su hermana.

A su rival.

Cierto es que no había constancia de que la hubiera encontrado, pero cómo estar seguro de ello si tampoco había datos que confirmaran que no había dado con ella.

Así que un odio incontrolado por sentirse traicionada empezó a bullir en su interior, y ya nada podía pararla. Ahora sí que no.

9

La llegada a Sevilla fue frenética.

En mis planes había muchas cuestiones, pero la primera era prioritaria. Le pedí a Rebeca, mi mujer, el divorcio. No tenía ningún sentido continuar así. Los dos éramos conscientes de que más allá de segundas personas, que en su caso estaba seguro que las había, nuestra relación y la vida en común habían llegado a su fin. Y tampoco era necesario volver con probaturas cuando el interés era nulo por ambas partes.

En uno de nuestros encuentros, porque desde mi llegada a Sevilla me establecí en un hotel céntrico de la ciudad (mi cartera ya me lo permitía), le presenté un divorcio de mutuo acuerdo para gestionarlo a través de un abogado de la familia, que yo mismo había redactado de manera somera en mi viaje de vuelta.

En el mismo quedaba una asignación para el cuidado de mi hija Macarena, bastante importante, sobre la que mi querida señora no puso ninguna objeción. Y si se le planteó alguna duda, fue disipada por el valor del ingreso mensual que iba a aparecer en su cartilla.

Ella nunca había tenido problemas económicos. Era de buena familia y su trabajo en el Ministerio siempre fue una garantía, pero a nadie le amarga un buen dulce.

Aunque lo más desternillante en mi caso de estos encuentros fueron sus caras cuando me veía aparecer con Hans. Creo que todo lo que hicimos fue facilitado por su percepción de que Hans era mi pareja. Yo notaba perfectamente como ella se veía herida porque me veía como un homosexual frustrado que reconocía su enorme error en aquellos encuentros. Y a mi me parecía divertidísimo hacer ver cosas que no eran para satisfacer sus miradas.

Tras unos primeros días de adaptación, Hans y yo nos pusimos manos a la obra con la creación de la nueva empresa. La era postfranquista facilitaba los movimientos. El dinero también. España seguía siendo un país corrupto, y el papel verde todo lo pudo.

El divorcio iba lento, pero como todo eran ventajas para la otra parte, no hubo impedimentos, por lo que también se resolvió.

Y yo volvía a la Universidad. Tenía ganas de retomar mis clases. Siempre fueron mi pasión, y aunque no las tuve todas conmigo, pretendí volver a tener una normalidad que me ayudara a darle algún sentido a mi vida actual. Además, la nueva democracia recién constituida me enardeció y me apasionó pertenecer a una sociedad que estaba evolucionando.

Las conversaciones con Hans me abrieron la mente, y me encantaba comenzar debates interminables con mis alumnos. Y a ellos también les apasionaba. Se apreciaba un cambio en la mentalidad de los españoles que aventuraban progreso y cambios. Y yo necesitaba grandes dosis de ese veneno.

Me mudé a un apartamento en la Alfalfa. Nada ostentoso, pero grande y luminoso, y situado en un enclave único. Desde los balcones se oía el rumor procedente de la Plaza del Pan y del Salvador, y desde la azotea la inconmensurable Giralda me saludaba todas las mañanas, majestuosa y dueña de la ciudad, y me empequeñecía lo suficiente para ponerme los pies en la tierra y comenzar los días humildemente, disfrutando de cada uno de los momentos que me regalaban.

Un olor a incienso me llegaba atraído por el aire y me traía vagos recuerdos de Sara. Y de mi hija. Conseguía que las sintiera cerca por momentos. Fantaseaba con una vida juntos. Pero cambiaba el viento, desaparecía el olor, y con él todos los recuerdos y sensaciones que me provocaba. Y todo volvía a ser real. Cruelmente real.

Creamos la empresa, y marchó a toda máquina. En realidad, si te rodeas de las personas adecuadas, tu vida termina siendo más fácil. Yo tuve la suerte de encontrar a Hans. Él siempre se adelantaba a los acontecimientos.

Nuestras máquinas y sus patentes evolucionaban con los adelantos tecnológicos. Él tenía altas capacidades intelectuales. Tenía la organización mental alemana perfecta. Era una máquina recién engrasada lista para funcionar. Y yo era la gasolina. Era el que les daba el toque latino a nuestras novedades. Y entre los dos hacíamos un tándem perfecto.

Para mí era la persona ideal para trabajar. Sólo hacía falta mirarnos para pensar y hacer lo adecuado. Y por eso nos fue muy bien. También es cierto que éramos muy distintos. Pero como teníamos dinero suficiente para equivocarnos, cada uno eligió vivir en su país, manteniendo contacto telefónico, para vernos de manera personal cuando fuera necesario. Y nos fue muy bien.

Primero fue la informática, para mí una gran desconocida. Yo estaba acostumbrado al olor de óleos, a madera vieja y a texturas en los cuadros. Y a los libros. Los devoraba. Me parecían que eran el maná que Dios nos había enviado para hacer más liviano el paso por este mundo. Ciertamente los libros me consumían. Desaparecía semanas completas inmerso en mis descubrimientos. Era más conocido en las librerías y bibliotecas de Sevilla que en los bares. Aunque en los últimos también se podía leer. Y vaya si yo lo hacía.

Y escribir. Me animé poco a poco a hacerlo. Nada especial. Pensamientos plasmados en el papel, poesía, papeles que acaban de posavasos o que servían al final para envolver. Pero me gustaba divagar y plasmar esos momentos en el papel. Nunca los releía. Era el placer de escribir lo que me satisfacía.

Escribía sobre mí, sobre lo que podría haber sido. Sobre Sara. Pero, sobre todo, sobre Ana. Me la imaginaba crecer, a mi lado, felices los tres. O los dos. Cada día que pasaba menos me importaba Sara, y más obsesiva se me aparecía la imagen de mi hija. Una imagen inventada, que mi cerebro creó y moldeó con el paso del tiempo. Una imagen que me provocaba profundos sentimientos, que me aceleraba el pulso cuando sentía que le había fallado.

Pero que mantenía un sutil momento de satisfacción cuando pensaba que en algún momento podría conocerla y ella entendería las razones por las que no pasé todo aquel tiempo junto a ella.

Esos sentimientos me enjaulaban por dentro, y hacían que pasara días encerrado preso de mí mismo, con una descarga literaria que casi siempre acababa en la chimenea, donde esas emociones desgarradoras parecían liberarse.

Y así pasaba mis días. Dejé la Universidad. Dejó de hacerme falta. Necesitaba todo el tiempo del mundo. Y el dinero ya dejó de ser un problema.

La última de Hans fue conseguir inversores chinos. Se adelantó a todos, vendió el 49% de las dos empresas, y ellos se quedaron con las patentes, las máquinas y las empresas. Y nosotros con la capacidad de decisión, la tranquilidad y con el dinero. Mucho dinero.

Pero a mí eso me daba igual. Yo seguía viviendo igual. No sabía ni me interesaba qué dinero había en el banco. No me faltaba de nada. Tan solo tenía lo que necesitaba.

El desapego no es que tú no debas poseer nada, es que nada te posea a ti.

Y así transcurrió el tiempo. Despreocupado y valorando el vivir en una ciudad maravillosa, leyendo, escribiendo, paseando, viajando cuando me apetecía, pero con un profundo dolor en el alma, que no permitía que la plenitud en mi vida fuera posible.

Cuando creía que lo había superado definitivamente, alguna joven se cruzaba en mi camino, me miraba, y los recuerdos volvían a fluir en mi interior hasta destrozarme por dentro.

No podía permitirme pensar que lo estuviera pasando mal y que yo no pudiera hacer nada para evitarlo. Que estuviera enferma. Mi cabeza estallaba con esos pensamientos catastróficos.

Sufría crisis depresivas que duraban días. Vagaba por los bares como queriendo encontrar a mi otro yo, ese que era feliz y no vivía con remordimientos, el que no se sentía culpable por no haber buscado lo suficiente a su hija.

Y así pasaban los años.

10

Me sentía bien.

Los cuidados eran inmejorables. Notaba como crecía una fuerza en mi interior que me iba a permitir salir de aquella cárcel. No sabía cuándo, pero algo me decía que lo iba a conseguir.

Quedaba una pizca de esperanza. Mis últimas averiguaciones, a través del servicio de detectives, con el que llevaba décadas trabajando, empezaba a dar algunos frutos. Quizás había sido un pequeño hilo del que tirar. Pero ese algo mantenía la ilusión intacta.

Hasta verme postrado en esa cama, inmóvil y mudo, pensaba que podía volver a encontrarla. Ahora todo parecía más complicado. Pero quizás hubieran descubierto algo y la puerta de la habitación se abriera para darme novedades.

Mi cerebro también se encontraba mejor. Ideaba como hacía tiempo. Todo empezaba a tener sentido. Incluso tenía creaciones pendientes que me gustaría comunicar a Hans. A pesar de la venta, continuamos siempre indagando en las novedades del mercado y en las posibles mejoras.

La puerta de la habitación se convirtió en un halo de esperanza. Vislumbraba como al abrirse las buenas noticias entraban.

Y se abrió. Pero era mi hija la que accedió al interior. Y no era la misma. Notaba un reproche en su rostro que me hizo sentir miedo al mirarla.

Sus ojos refulgían ira, odio, pero de una manera muy sutil, como si hubiera algo en el fondo que subyaciera a todo lo que mostraba. Como si ya hubiera superado ese reproche, pero ahí quedara un poso de algo peor, más oscuro.

Comenzó a acercarse a mí y, justo antes de que comenzara a hablar, supe reconocer lo que esos ojos me anunciaban. Sentí un súbito temor. Irradiaba traición. Se sentía traicionada por mí. Algo me decía que lo sabía. Pero cómo. Nadie sabía mi secreto. Ni siquiera Hans. Qué habría sucedido para que ella lo supiera.

Y entonces me habló al oído. Como un susurro. Y me dolió como miles de agujas que se clavaran en el interior de mi cabeza.

- Viejo, loco — comenzó — Toda la vida has estado engañándonos a mi madre y a mí. Nos compraste con dinero. Ahora sé que te sobraba. Pero no solo no te lo voy a perdonar, sino que voy a hacer todo lo posible para que sufras hasta tu último aliento, y no tengo dudas de que te arrepentirás de todo. Y está claro que no vendrá tu otra hijita a salvarte.

Y me miró con una suave y deliciosa sonrisa que me heló la sangre.

Se sentó tranquilamente en el sillón de acompañante, y se quedó mirándome de manera lánguida como si nada más pasase en el mundo, con esa sonrisa impertérrita que era más una mueca, mientras que un sudor frío recorría mi espalda.

Ese momento fue bruscamente interrumpido al abrirse la puerta, con lo que creí que era mi salvación. No sabía quién tenía que entrar, pero toda mi atención se centró en la presencia que se aventuraba procedente del pasillo. Sin embargo, la interrupción empeoró aún mas la situación en que me encontraba.

Era la enfermera que traía el carro de la medicación cargado hasta arriba. Lo introdujo en la habitación mientras mantenía una acalorada discusión con una compañera. El carro se quedó en medio de la habitación, mientras que ella volvía al enfrentamiento cuerpo a cuerpo. Y mi hija lo aprovechó.

Pude ver como se acercaba lentamente, inspeccionaba todo lo que allí había, y sustrajo varias ampollas, jeringas y agujas, que guardó distraídamente en el bolso. A continuación, volvió a sentarse, y continuó mirándome, como si nada hubiera pasado, pero el odio que desprendía, me hizo desviar la mirada.

La enfermera entró, administró de manera rápida y eficiente la medicación prescrita, inspeccionó que todo estaba correcto, y salió rápidamente de la habitación con un hasta luego.

Y una idea se instaló en mi mente. Esa noche iba a morir.

Y efectivamente, lo intentó. Cuando la actividad del hospital decayó, y se suponía a todo el mundo dormido, excepto las rondas que se adivinaban de los trabajadores, mi hija puso su plan en marcha.

De manera poco disimulada, comenzó a cargar esas ampollas en la jeringa, y torpemente comenzó a inyectarla en el suero que colgaba del cabecero de mi cama. Rápidamente comencé a sentirme mareado. Por mucho que luchaba, mis ojos se cerraban sin control por mi parte. Ella quería que sufriera, pero creo que equivocó su elección, porque un enorme placer me invitaba a dejarme llevar hacia esa sensación agradable que poco a poco se instalaba en mi cuerpo. La respiración se hacía cada vez más lenta, como si mi cuerpo levitara sin necesidad de pertenecer a este mundo.

Definitivamente estaba muriendo. Poco a poco los pensamientos se hicieron vagos en mi mente, y me abandoné a lo inevitable. Era el final. No era el esperado, pero todo había acabado.

11

La vida en la Alemania occidental era inmejorable. El país evolucionaba hacia una situación que años atrás era impensable. Las guerras seguían latentes en las mentes de los alemanes. Un prejuicio constante latía en el sentimiento global de los habitantes del país. Y el muro. Ese muro de vergüenza. Pronto caería, pero allí estaba, para recordar lo sucedido día tras días. Medio derruido y lleno de grafitis, separando dos realidades.

Había tal variedad de nacionalidades conviviendo que poco a poco la multiculturalidad hacía olvidar todo eso, y las ciudades eran ejemplos de libertad y progreso.

De hecho, cuando Sara llegó a aquel país para iniciar una nueva andadura laboral, en plena década de los 70, todavía en la Vieja Europa suponía poco más que un disparate. Aunque para ella, nada era lo suficientemente complicado.

Pero fue duro, muy duro. No tanto el embarazo, sino vivir con una hija sola en un país desconocido y sin raíces. No fue por falta de hombres. Ella nunca tuvo ese problema. Pero la duda eterna sobre si el abandono de Juan se había convertido en el mayor error de su vida, la perseguía cada minuto de sus días.

Era tan importante la oferta de trabajo que se le había presentado, que no fue capaz de decírselo. Sabía que Juan intentaría por todos los medios retenerla. Pero esa era la oportunidad por la que había luchado desde que comenzó a estudiar. Se había preparado hasta sus más altos límites, renunciando a todo, para alcanzarlo, y no iba a ser el amor el último impedimento.

Día tras día vivía con el remordimiento de su actitud deleznable. Cómo podía haberlo dejado en la estacada sin ninguna respuesta. Qué injusto le parecía lo que había hecho. Pero sabía que en el momento en que le dijera dónde estaba, él iría a buscarla para convencerla de que volviera a España.

Y para ella su trabajo era lo primero. Era para lo que se había preparado y quería luchar contra todas las barreras que se les interponían a las mujeres. Había superado muchos exámenes. No sólo escritos. También de gente que la miraba diferente por ser una mujer. Por pretender llegar a donde sólo llegaban los hombres.

Por eso eligió Alemania. Quería dirigir un Museo, y lo había conseguido. Nada ni nadie se podía interponer. Y fue muy difícil. A pesar de que el país era avanzado, ser mujer y jefa, complicaba su relación no solo con los hombres, sino también con las mujeres.

Había leído una vez algo acerca del Síndrome de Procusto. Define a aquellos que, al verse superados por el talento de otros, deciden menospreciarlos. Incluso deshacerse de ellos. El miedo los lleva a vivir en una continua mediocridad, donde ni avanzan ni dejan que otros lo hagan. Y así era su día a día en el Museo. Pero ella lo combatía ferozmente, y la hacía más tenaz en sus decisiones y más fuerte en sus creencias.

Sin embargo, en el fondo no podía olvidarlo. Su amor por Juan, se convirtió en un recuerdo. Fueron tres meses maravillosos, pero pasaron. Y realmente supo olvidar. Pero el sentimiento que le generaba el ocultar una hija, hacía que se sintiera despreciable. Y eso no lo podía soportar.

Por eso envió la carta. Había iniciado una nueva vida. No podía cambiar las circunstancias, pero el simple hecho de pensar que le iba a evitar conocer la existencia de una hija a un padre le pareció deleznable. La envió con la certeza de que Juan ya se habría olvidado de ella y de que la aparición de una hija no iba a ser importante, ya que él habría rehecho su vida

No quería nada de él, pero no podía ocultar por más tiempo la existencia de Ana.

Ella también había rehecho su vida, había cambiado su apellido, y no quería mirar al pasado.

Aún así, a su vez escribió una carta a su hija, explicándole los motivos por los que le había ocultado la existencia de su verdadero padre, y expresándole el inmenso amor que sentía por ella. Le dejaba la información por si algún día quería hacer uso de la misma e ir en busca de su padre. Tampoco ella se sentía nadie para negarle esa decisión a una hija. La carta fue guardada en la caja fuerte de la casa donde vivía, y pasó al olvido.

Cierto es que los acontecimientos se sucedieron de una manera trágica a los pocos días del envío de la carta. Un camión se salió de la calzada de la autopista al pisar una zona helada, invadiendo el otro carril al saltar la mediana, y fue a caer sobre un coche en dirección contraria. En el mismo viajaba una pareja que volvían del trabajo. Eran dos trabajadores del Museo Sädel que perdieron la vida en el acto. El matrimonio Von Friedich dejaba una hija huérfana de nombre Ana.

Pero desperté.

Ella ya no estaba allí.

Mi cabeza sufría un martilleo incesante, pero estaba vivo. Lo que fuera que me inyectó esa desgraciada, me sumió en un delicioso estado, tanto que tuve la sensación de que me iba a morir. Pero parece que no fue suficiente.

De lo que no tenía duda era de que lo iba a volver a intentar cuando descubriera su error. Y que en la siguiente ocasión no iba a fallar. Por lo que mi miedo se centró en aquella puerta. Aquella asesina, que a su vez era mi hija, actuaba sin temor, porque, aunque nuestra relación pudo ser mejorable, lo cierto es que, hasta ahora, había respeto entre nosotros. Estaba claro que no había sabido encajar la noticia. Aún no soy capaz de explicarme cómo habría podido descubrirla.

Ahora se sentía atacada. Pero, cómo lo habría descubierto. Por mucho que le daba vueltas, hacía tanto tiempo de todo aquello, que, aunque siempre la hubiera tenido presente, no había nada en la actualidad que pudiera conectar a las dos hermanas.

Sólo había una cosa que me relacionaba con Ana, y era la carta de Sara. Pero estaba escondida en su ...

¡Claro!. Está registrándolo todo aprovechando que estoy aquí ingresado. Siempre la tuve guardada, que no escondida. La releí muchas veces con el paso del tiempo, pero nunca pensé que nadie podría entrar a buscarla. Ha aprovechado mi ingreso para hacerse cargo de todo lo mío.

Menos mal que puse a salvo lo más importante.

Y en medio de esos pensamientos estaba, cuando sentí moverse el picaporte de la puerta.

No podía ser. Allí estaba otra vez. Mi tiempo se acababa. Estaba desvalido, sin fuerzas y sin capacidad de defenderme. Ya no tenía sujeciones. Había aprendido a controlar mis movimientos, por lo que ya no parecía agresivo y me habían desatado. Pero aún así, y a pesar de haber mejorado, no me encontraba fuerte. Menos aún para luchar contra alguien.

Llevaba varios días en esa cama, y a pesar de los buenos cuidados, mi evolución era lenta. Además, aún sentía en mi interior parte de los efectos del cóctel maravilloso que mi encantadora hija había tenido a bien servirme la pasada noche.

Por lo que mis ojos intentaron cerrar la puerta con un rayo inexistente, para evitar de alguna manera lo que se avecinaba, aunque no sirvió de nada. Y la puerta se abrió.

Gracias al cielo, era Hans.

No daba crédito a lo que mis llorosos ojos veían. Estaba mayor, al igual que yo, pero su carácter lo mantenía ágil. Parecía un milagro que pudiera estar allí. Era mi salvación. No sabía qué decirle (iluso de mí, para hablar estaba yo), pero mi cara cambió ante su presencia. Él me había acompañado durante la mayor parte de mi vida, y nuevamente estaba allí para liberarme.

Tuve muy malos momentos, pero él siempre estuvo a mi lado. Nunca preguntó nada. Siempre me respetó. Siempre me ayudó. Y ahora estaba aquí otra vez.

Por eso, cuando lo vi acercarse y me abrazó, todo cambió.

Porque, a veces, todo lo que necesitamos es un abrazo que nos arrope el alma.

Los abrazos no resuelven nada, pero nos ayudan a decirle a las adversidades que no van a poder con nosotros, que no van a derrumbar nuestros muros ni a destrozar nuestras cosechas.

Y olvidé a todos mis fantasmas. Mi compañero de viajes estaba allí y me iba a salvar. Pero, había un pequeño problema. De qué manera le podía explicar aquel embrollo para que Hans me entendiera y se hiciera cargo de la situación.

Estoy seguro de que él vio en mi cara que pasaba algo, la única forma de que estuviera allí, era porque Macarena lo hubiera llamado. Y así me lo confirmó cuando comenzó a hablar. Ella lo había llamado cuando se enteró de mi ingreso. Él acudió lo más rápido que pudo, y allí estaba para acompañarme en mis últimos momentos.

Dudo mucho que mi hija le hubiera contado nada. No la creía tan valiente. Además, sabía de lo fuerte que era nuestra amistad, por lo que sus descubrimientos posteriores no los comentaría. Con seguridad llamó a mi amigo antes de saber nada, y ahora ya no podía dar marcha atrás.

De hecho, me sorprendió mucho que lo hubiera dejado pasar sólo. Después pensé que no le quedaría más remedio por la restricción de visitas, y me supuso un alivio que mantuvo un hilo de esperanza en mi interior.

Confiaba en recuperar fuerzas y poder hablar. O al menos las suficientes para poder escribir y dar unas breves instrucciones. Pero no las tenía todas conmigo.

Hans me miraba, sin saber qué decirme. Era como si quisiera despedirse, pero no se atreviera. Su porte germano no ocultaba ni su edad ni sus seguros achaques. Ya tenemos más de 80, por lo que a cualquiera le puede suceder lo que a mí. Lo notaba inquieto y preocupado. Mi aspecto provocaría eso en cualquiera que se acercara, claro está.

Pero su objetivo ya estaba cumplido. Al menos por mi parte. Ese abrazo había sido lo más importante que me había sucedido en esos días. Y era suficiente. Ahora me tocaba a mí sacar fuerzas de flaquezas para conseguir el resto.

Después pasó un buen rato, que me pareció eterno. Él se quedó allí a mi lado, con mi mano entre las suyas, sin decirme nada. Tampoco había nada que decir. Por mi parte estaba claro que no, pero por la suya tampoco. Con la mirada y el contacto, eran suficiente. Y a mí me sirvió para cargarme de energía.

- ¿Señorita Friedich? – Preguntó una ruda voz en alemán.
- Sí, dígame.
- Me gustaría que se pasase por la casa. Hemos encontrado algo. No tiene mucho valor, pero imagino que querrá usted saber qué hay dentro. Creo recordar que nos dijo que esta casa perteneció a sus padres.
- Sí, sí. Estoy algo ocupada, pero recojo todo y voy ahora mismo. Gracias, Frank

Recogió todas las pinturas, mojó los pinceles, se dio una ducha rápida y se puso en camino.

14

La reunión de hoy se produjo en la misma cafetería del Hospital. Había un importante bullir de personas, ya que era la hora del desayuno, pero había una mesa libre al fondo y allí se ubicaron después de pedir un café en la pequeña barra.

Las noticias no eran buenas. Todas las investigaciones eran infructuosas. Nada se sabía de la hermanastra de la Señora Lobo, como la llamaba el representante del equipo de investigación, que cada vez parecía que elegía un traje más estrecho para sus entrevistas de trabajo. Tampoco ayudaba la enorme palmera de huevo que eligió al decidir que el café no era suficiente para él.

Macarena lo miraba con cara de desprecio. Pero eso a él no le quitaba el hambre. Estaba acostumbrado a ese tipo de miradas. Y a mucho más.

Por eso no le sorprendieron las palabras que escuchó.

- Si ustedes no han sido capaces de encontrarla, probablemente ella no sepa de la existencia de mi padre. Aún así, las cosas se están enlenteciendo más de lo deseado. Ayer intenté envenenarlo, pero no se me dio bien – eso no se lo esperaba, y casi se atraganta con el enorme trozo de palmera – por lo que pienso que deberían intentarlo ustedes que dicen ser profesionales.
- Señora Lobo – comenzó a decir – nosotros no nos dedicamos a los asesinatos. Somos investigadores.
- ¡Y un cuerno! – estalló Macarena, mientras que el investigador mostró una cara de corderito degollado.
- Bueno, quizás podamos modificar los encargos en algunas ocasiones especiales – comenzó a decir – pero estaríamos hablando de otras tarifas, claro está.
- Eso ya se verá – fue el final de la conversación, porque se levantó de la mesa y se alejó sin hacer ningún otro comentario.

Pensaba que estaba dejando demasiado tiempo a Hans a solas con su padre. Nunca se había fiado de ese alemán pretencioso que su madre tomaba por novio de su padre. Ella sabía bien que no, porque una noche lo comprobó por ella misma. Eso no lo sabía nadie más. Todo quedó en aquel día y entre ellos dos. Pero esa duda sí la tenía resuelta.

Aún así, no se fiaba de él. Dudaba que supiera nada. De hecho, su intención cuando se lo tiró fue sacarle información. Entre el sexo y el alcohol pensaba que lo iba a cautivar. Pero no consiguió nada de lo esperado. Un buen polvo y una borrachera. Bueno, y una resaca impresionante al día siguiente, que le duró una semana, porque el maldito alemán bebía como un cosaco.

De todas formas, su padre no estaba para nada, y aunque minutos antes había ordenado que lo mataran, seguía pensando que quizás ni siquiera hiciera falta, por su mal estado. Pero nunca se sabía.

Así que se dirigió a la habitación para interrumpir la reunión de colegas.

Aunque, cuando llegó, más que una reunión de colegas era un velatorio. Dos viejos cogidos de la mano llorando no era precisamente lo que había imaginado. Aunque, levemente, le conmovió.

Eran dos viejos, al fin y al cabo, y ella estaba intentando matar a uno de ellos, su padre, para conseguir sin género de dudas todo el dinero que él había reunido. Sólo por el simple hecho de ser su hija. Todo muy triste.

Sin embargo, para ella el dinero estaba por encima de todo, y al final, él se moriría. Así que, cuanto antes, ya que necesitaba el dinero para vivir.

El imbécil de su marido era simplemente eso, un imbécil. Tenía que aguantarlo para poder vivir bien. Nunca lo soportó. Y ahora tenía la oportunidad de tener dinero sin la necesidad de escucharlo más tiempo. Y, además, su padre se iba a morir en algún momento, más pronto que tarde. Qué más daba ya que ella adelantara un poco su llegada al cielo. Al final, visto desde otra perspectiva, lo mismo le estaba haciendo un favor. Si no podía hablar, como iba a saber nadie lo que él quería. Todo eso presuponiendo que esa cabeza funcionara bien a estas alturas. Lo mismo sólo veía marcianitos.

Ella tuvo siempre todo lo que quiso. Nunca le faltó de nada. Pero nunca fue suficiente. No tuvo bastante con la pensión que le dejé a Rebeca. Fue una niña malcriada, y conforme avanzó, fue a peor. Parecía que había nacido para ser rica. Y le podría haber ido bien si hubiera encontrado a un hombre rico. O a un hombre listo. Pero no fue así.

Se encontró a uno con muchos pajaritos en la cabeza y pocas luces por delante. Si se hubiera centrado con lo que tenía delante desde el primer momento y hubiera pedido ayuda cuando le hizo falta, le podría haber ido bien.

Les ayudé a montar una empresa que, si hubieran cuidado, presumiblemente hubiera sido próspera. Pero no solo se entramparon, sino que siguió adelante sin pedir ayuda y aumentando sus deudas a la vez que pasaba el tiempo.

Macarena siguió con su tren de vida como si tal cosa. No tuvo bastante con mal vender la casa de mi difunta ex esposa. Los réditos se los gastó en poco tiempo, por lo que fue deshaciéndose de todo lo que tuviera valor, sin ningún tipo de melancolía. Y a la vez me pedía todo el dinero que podía. Yo notaba la vergüenza que pasaba al principio, pero también comprobé cómo esa vergüenza se diluía con el paso del tiempo. Hasta que tuve que pararle los pies.

Al final, como suele pasar, la gente se olvida de todo lo bueno que haces en el momento en el que haces algo que no les gusta. Y así es siempre la vida. Lo importante es darse cuenta de que la gente suele ser así. Y quedarse con hacer las cosas porque generen algo positivo, no por lo que piensen los otros.

Eso es una cosa. La otra, es que te traten como si fueras tonto. Y ahí es cuando hay que poner los límites. Y yo los puse. A partir de ahí, nuestra relación se deterioró. Era un final bastante previsible. Y ya necesitaba quedarse conmigo a solas, sin testigos que obstaculizaran sus planes.

Por eso despidió rápidamente a Hans, emplazándolo para otro día, mientras le aseguraba que ante cualquier novedad lo pondría en su conocimiento.

Y así se quedo nuevamente en la habitación, dueña de todo lo que nos rodeaba, mirándome con cara de victoria.

Yo miré por la ventana. Prefería quedarme con la visita de mi amigo, con su abrazo y con todo lo que me había aportado.

La vida de Ana no fue fácil. La vida en los orfanatos nunca lo es. Además, ella ya no era tan pequeña. Ya tenía seis años recién cumplidos cuando el desgraciado accidente de sus padres la hizo llegar a esa selva. Porque aquello era una selva. Cierto es que el que salía vivo lo hacía con todos los conocimientos necesarios. Pero allí se aprendía básicamente a sobrevivir.

De hecho, no fue hasta que su albacea le ofreció lo que había quedado de sus padres, a los dieciocho años, cuando se sintió realmente libre.

Se hubiera sentido mejor si ese cerdo avaro no la hubiera engañado y no se hubiera quedado con la mayoría de las ganancias de sus padres. Cuando ya se enteró no valía la pena despellejarlo. Se estaba pudriendo víctima de un cáncer y el karma había actuado por su cuenta.

Pero hubiera sido más sencillo ganarse la vida. Aún así, le dio para estudiar Bellas Artes y dedicarse a su pasión. Pintar. Había nacido entre pinceles y pinturas. Sus padres trabajaban en el Museo y la pintura era su pasión. Y ella lo heredó. Lo heredó de su madre, porque su padre era administrativo. Su madre era la directora del Museo. Y ciertamente ninguno de los dos pintaba. Pero ella se había creado una historia en su cabeza que era tan perfecta, que ninguna realidad iba a perturbarla.

Y los libros. Le encantaban. Abrirlos. Olerlos profundamente. Sumergirse en ellos. Eso no sabía de quién lo había heredado, pero le fascinaban.

Vivía tranquila con lo que tenía. Era un alma libre. Vivía sin preocupaciones. Pintaba, vendía sus cuadros a buen precio, y disfrutaba de la vida. Pero siempre vivió con una sensación de inquietud. Era algo que no sabía explicar. De hecho, era algo tan extraño, que ni ella misma era capaz de entender qué era. Pero estaba ahí. De hecho, se había acostumbrado a vivir con esa sombra.

Realmente, la única cosa que le rompió un poco los planes fue el desagradable descubrimiento de que su albacea la había engañado. No era rencorosa, pero le dolió mucho que la hubieran privado de algo que era suyo.

Es por ello que se encontró muy feliz cuando fue capaz de comprar la casa que había pertenecido a sus padres y donde ella vivió su infancia. La casa, es cierto que estaba destartalada, pero para ella fue una adquisición maravillosa, y ahorró todo lo que pudo para poder arreglarla, de manera que algún día se pudiera ir a vivir y honrar el recuerdo de sus padres.

Una mañana recibió la llamada del constructor, era incapaz de imaginar qué podría ser aquello que habían encontrado, así que algo intrigada, se puso una ropa cómoda y se dirigió a su casa.

Todavía no sabía el vuelco que iba a dar su sencilla vida.

Al día siguiente todo parecía mejorar. Mi turno preferido estaba trabajando. Adelaida y Antonio estaban allí. Nada me podía pasar.

Llegó mi hija y pasó sala el médico. Y comenzaron a hablar. Parecía claro que mi ictus era definitivo. Se había instaurado en mi cerebro, por lo que la situación sólo podría ir a peor. Pero ahora estaba estable, y no se sabía por cuanto tiempo. Otra cosa era la afasia. La gran desconocida y la más variable en la evolución. Además, era la que más dificultaba mi tratamiento. Yo no podía expresar lo que me pasaba, por lo que eran complicadas las situaciones futuras.

Por lo que mi estancia en el hospital daba a su fin, si no quería ser víctima de las infecciones nosocomiales. Eso es lo que oía que comentaban.

Ahora había que decidir. Residencia o Casa de mi hija. Cárcel o Infierno.

Pero no iba a ser yo el que lo decidiera, por lo que empecé a sentir una angustia que no era capaz de controlar. Empecé a sudar y a encontrarme mal.

Mi hija dudaba. No le parecían buenas ninguna de las dos alternativas. En la residencia perdía mi control, y en su casa no me quería tener.

El médico le decía que allí no me podía quedar, porque mi situación era estable y no había nada que hacer. Pero esa estabilidad desapareció de momento. La agitación descontrolada que invadió mi cuerpo me hizo perder el poco control de la situación que tenía hasta entonces. Llamaron al timbre y llegaron mis colegas. Pero ni colegas ni Pepito Grillo. Aquello era incontrolable. Hasta que Antonio me pinchó algo en el brazo y toda esa desagradable sensación comenzó a desvanecerse. Poco a poco comencé a relajarme, hasta que los ojos se me cerraron y me quedé dormido.

Cuando me desperté no había nadie en la habitación. Y cuando digo nadie me refiero a nadie. Mi compañero moribundo que tanta compañía me había hecho y que tantas historias le había contado en mi perenne silencio, ya no estaba. Se había ido sin despedirse. No tenía dudas de adonde, me dio pena. Y en gran parte porque me vi reflejado.

Se fue sin nadie, y es que yo estaba en la misma situación, me encontraba más solo que nunca. No es que no tuviera a nadie alrededor. Tenía mucha gente, familia poca, pero amigos que me querían, muchos. Pero yo seguía sintiendo que me faltaba algo. Y entonces la vi.

No podía dar crédito a lo que veían mis ojos. Detrás de la ventana un rostro de una mujer de unos cuarenta y tantos años me miraba con curiosidad. Era una cara conocida por mí, como si fuera alguien que hacía muchos años que no veía. Esos ojos no podían ser de otra persona. Pero no era posible.

Miré un poco más abajo, y mi corazón dio un vuelco. Esa piedra verde que colgaba de su cuello no podía ser lo que estaba viendo. No recordaba haber visto una igual. Había estado tentado de encontrarla en cientos de mujeres que se cruzaron en su camino. Pero nunca la hallé, y ahora la estaba viendo.

Y entonces se abrió la puerta. Y desapareció.

Era Adelaida la que entraba, que venía a comprobar cómo me encontraba. Me miró el pañal, me colocó bien en la cama, estiró las sábanas y me cogió la mano.

Yo la miré, con mi cara de agradecimiento infinita, y puse el resto de mis fuerzas a disposición de mi garganta, y le dije:

-   Ana.

La casa se levantaba imponente en la acera de la calle donde pasó su infancia más feliz.

Ubicada en el nuevo centro de Frankfurt, muy cerca del centro histórico. De hecho, podía adivinar el Römer, ayuntamiento tan peculiar de la ciudad, con esa fachada hastial escalonada, tan fotografiada por los turistas, o la plaza donde se encontraba, inspiración para cuentos de hadas e historias medievales. Si uno se concentraba, podía oír los cascos de los caballos y el rechinar de las corazas de los soldados.

El río Meno separaba las dos orillas, y pasear hoy en día era todo un placer, disfrutando del skylane de la parte moderna, con el olor del agua penetrando en los días calurosos, o recibiendo el aire helado del norte en los días de invierno. Todo tenía su encanto en esa ciudad.

Por la vida bohemia que hasta entonces llevaba Ana, el centro era su casa. No sólo porque su apartamento se ubicara allí o porque su futura nueva casa lindara con esa zona, sino por la vida de la calle, que a ella le encantaba. Paseaba durante horas interminables. Le encantaba recibir el aire de los viandantes al pasar. La hacía sentirse viva y constataba que la ciudad también lo estaba.

Qué serían las ciudades sin personas. Sin ese movimiento constante y armónico de las pisadas sobre los suelos adoquinados. Esos sonidos que se elevan hacia el cielo cual orquesta de cámara dirigidos por un invisible director que acompasa las notas y ordena las emociones a su antojo, provocando una sinfonía cambiante a lo largo de las horas del día y de la noche.

A Ana le encantaba quedarse parada en medio de cualquier plaza, apoyada en alguna farola, y cerrar los ojos para percibir todos esos estímulos, transformando en ella sentimientos y emociones que tenía guardados. Rápidamente corría hacia su estudio para plasmar sobre lienzos todas esas sensaciones.

Y lo hacía verdaderamente bien. De sus manos salían imágenes que encogían el alma cuando se observaban. Tenía un don natural para sacar con dos trazos imágenes profundamente inspiradoras.

Esa habilidad le hacía eliminar lo superfluo de las imágenes que retrataba, simplificándolas al máximo, pero sacando toda la belleza que tenía en su interior, propiciando que el observador conectara con la pintura. Eso al menos le sirvió para vender cuadros y vivir.

Pero lo que a ella realmente le satisfacía era terminar un cuadro, alejarse, y sentir que parte de ella se quedaba allí reflejado. Que los rápidos y ágiles movimientos de sus dedos con los pinceles le transmitían al lienzo parte de su esencia. Esos cuadros eran ella misma. Su forma de ver la vida y de relacionarse. No era capaz de explicarlo, pero lo sentía de una manera profunda.

Sus sufrimientos del pasado eran parte de esos trazos. Todo lo que no recordaba, todo lo que había aprendido. Todo lo que había llorado. Los trazos de acuarela eran parte de su salada claridad. Ésa que le hizo ver que un futuro era posible. Que tendría que luchar contra viento y mareo para conseguirlo. Que la fuerza interior que percibía la iba a ayudar a ser feliz.

También estaban ahí los buenos momentos. Los abrazos de sus padres. Esos abrazos que terminaron muy pronto, pero que seguía conservando en su piel. Terminaron bruscamente, sin aviso previo.

No somos conscientes de las despedidas hasta que no se producen. Los finales inesperados llevan a esa ausencia que nos genera dudas en nuestro interior. Nunca nos planteamos que ese beso puede ser el último beso. O ese saludo o esa discusión. No somos conscientes porque no pensamos en un futuro catastrófico. Si fuera así, no podríamos vivir. Confiamos, y gracias a eso, vivimos.

Ella echaba de menos haberse despedido de sus padres. Era muy pequeña, y sentía el amor que le demostraban. Es cierto que trabajaban mucho, su madre siempre le decía que las mujeres tenían que trabajar el doble. Pero desde entonces habían pasado cuarenta años, todo había evolucionado, y aunque todavía quedaba por aprender, ya nada era como antes.

Además, ella nunca había tenido necesidad de tener hijos. No porque no hubiera tenido parejas que se lo hubieran pedido, sino porque le daba pánico que le pudiera pasar lo mismo que a ella. Esa sensación de abandono la paralizaba. Era como si la retrotrajera al pasado y la atraparan todos sus miedos.

Siempre fue una amante de los abrazos. Los sentía como una forma de expresión superior a cualquier otra. Nada malo puede pasar cuando recibes o das un abrazo. Esa sensación sublime que te transporta a otro mundo, que te hace cerrar los ojos, y te une de manera sobrehumana al otro.

Esos abrazos en los que pones todo tu ser al servicio del que lo quiera recibir. En los que te entregas y te desnudas, permitiendo a la otra persona servirse de lo más preciado de ti, que se lo ofreces sin pedir nada a cambio.

Porque esos abrazos se dan sin solicitud previa, sin resguardo y sin ticket de compra. Porque tus abrazos pueden no ser correspondidos. Pero tú los das. Y decides hasta donde quieres llevarlos también, aunque el otro no te lo quiera ofrecer al mismo nivel.

Por eso Ana abrazaba con todo su cuerpo. Con toda su alma. Con todo su ser. Se entregaba a ese momento. Era una necesidad imperiosa que le emanaba desde su interior.

En ellos ponía todos los abrazos perdidos que la vida le había robado.

Por ello el placer residía en el acto de abrazar. Esos segundos que para muchos se convierten en un saludo banal, repetido de manera programada, para Ana eran un momento mágico, en el que se paraba el tiempo, en el que nada importaba. Esos segundos que ella alargaba algo más de lo acostumbrado, calmaban el alma.

Ella los necesitaba. Era una forma de decir, estoy aquí para lo que necesites, no lo olvides. Era como cerciorarse de que estamos vivos, y todos pertenecemos a la misma especie. Tenemos que estar unidos para afrontar las dificultades. Y cuando hay un abrazo, no las hay. Era, como mecanismo de protección ante lo malo que pudiera venir, su primera alternativa.

Después, ya se podía pensar con tranquilidad qué habría que solucionar.

Algo así como los suecos, que antes de poner en marcha cualquier empresa, la prueban hasta conseguir detectar todos los errores, para comenzar su andadura real con todas las soluciones previas. Ella utilizaba esos abrazos para dar tiempo a que el cerebro funcionara con coherencia, eliminando todo lo negativo, para pensar en positivo.

Por eso sus amigos la adoraban. Tenía algo especial. Sus rasgos llamaban la atención en esa población rubia y de ojos claros. Sus potentes ojos marrones, de largas pestañas, que le infundían carácter, la hacían dueña de todo lo que la rodeaba. Nadie podría decir que esa pequeña joven fuera la que llevaba la voz cantante. Pero era así. Como su madre.

Y sus amigos lo notaban, lo agradecían y lo compartían entre ellos. Esos abrazos eran como un sello de garantía. Eran todos diferentes, tenían trabajos distintos y vidas muy dispares.

Pero cuando se reunían, parecían todos uno. Y siempre estaban ahí cuando se necesitaban.

Cuando Ana se encontró en la puerta de la que sería su nueva casa, una oleada de recuerdos volvieron a su mente. A pesar de las reformas, la casa era la misma que tenía en sus anales, aunque ligeros cambios la hacían más moderna. La pizarra del techo recién cambiada deshacía el aspecto ruinoso que tenía al comprarla. Derek sabía de eso más que nadie, y todo lo referente a bricolaje lo delegó en él. Y no solo era un experto, sino que, además, tenía buen gusto.

Poco a poco la casa comenzaba a parecerse a lo que iba a ser. De hecho, parecía majestuosa al lado de las que la rodeaban. Aquel barrio se estaba convirtiendo en el nuevo centro, por lo que las reformas eran una constante en esas calles. Un ir y venir de obreros se habían convertido en parte del paisaje diario. Muchas casas mantenían su aire decadente, esperando a un buen lavado de cara. Y la de Ana se ponía por delante de sus compañeras en esa higiene.

Cuando estuviera terminada, iba a ser maravillosa. E iba a ser el homenaje a sus padres. Por su dedicación hacia ella. Por haberla ayudado desde ahí arriba para seguir viviendo. Siempre los iba a tener presente.

El mayor de los abrazos iba dirigido a ellos. Un abrazo sentido, lento, de esos que te arropan el alma. Esa sensación la mantenía allí parada, delante de la casa, sin que nada del exterior la sacara de ese trance.

Ni siquiera Frank, que la miraba desde la puerta de acceso sin querer molestarla. Respetó su silencio y su ausencia hasta que poco a poco salió de ese trance, y se dirigió hacia el interior de la vivienda.

El capataz de los obreros, de toda confianza porque era hermano de Derek, la invitó a pasar mientras le colocaba un gorro que le quedaba algo grande, inevitable para mantener las medidas de seguridad. Le daba un toque gracioso a la guapa propietaria del edificio, que no pasó inadvertido para él.

Comenzó a enseñarle todos los adelantos que se habían producido en la casa. Ya habían pasado algunas semanas de su última visita, y los avances eran notables. Se apreciaba que los obreros trabajaban con presteza y agilidad.

Poco a poco se fueron acercando al dormitorio principal, donde los destrozos eran evidentes. Estaban en pleno desmontaje del suelo y parte de las paredes y el baño, por lo que parecía que un terremoto de consecuencias devastadoras se había hecho presente sólo en esa habitación. Rápidamente Frank la tranquilizó explicándole todos los arreglos que iban a cambiar la fisionomía de la habitación y cómo se iban a optimizar los espacios. Tendría que hablar con Derek para que volviera a explicarle en lenguaje vulgar lo que su hermano se afanaba por hacerle entender.

Y en medio de aquel desastre, Frank se adentró en la habitación y le pidió a Ana que hiciera lo mismo. Se arrodilló junto a una de las paredes. Y la ayudó, para que ella lo acompañara. Nada romántico, pensó ella. Y con los obreros ahí, …

Pero no era nada de eso. Con hábiles manos le indicó que observara la parte del suelo de madera que aún no estaba retirada del todo. Sopló para eliminar el polvo que se mantenía encima, hasta que fueron visibles unas ranuras perfectamente disimuladas. Al presionar la madera hacia abajo, un trozo de madera puso en funcionamiento un muelle, que sacó hacia arriba unos centímetros la parte del suelo que estaba anclada al mismo.

Cuando lo extrajo hacia arriba, una pequeña caja fuerte apareció ante ellos. Un código numérico impedía su apertura. El capataz le comentó que no era posible saber quién había colocado ahí esa caja fuerte, pero que, viendo la marca y el modelo, y buscando un poco por internet, debía tener unos cincuenta años aproximadamente, por lo que tenía mucho sentido que esa caja fuerte perteneciera a sus padres, y que, al estar tan bien escondida, nadie la hubiera descubierto hasta entonces.

Esa casa no había realizado ninguna reforma hasta ese momento, por lo que era muy probable que así fuera.

Una nueva oleada envolvió a Ana, que incluso se mareó y se desestabilizó. No se cayó porque estaba de rodillas y Frank la sujetó. Pero no se encontraba bien. Nunca había esperado nada así. Vivió con la decepción de no haber recibido nada de sus padres. Todo lo que les recordaba a ellos había desaparecido cuando recibió su herencia. Y en ella no había nada. Ese sinvergüenza se lo había quitado todo.

Pero ahora, eso que había vivido en su interior desde siempre, podía tener una respuesta. Aunque pensándolo fríamente, si aquello era una caja fuerte, lo que contendría sería dinero y joyas. Dinero que, después de cuarenta años, no valdría para nada. Y Joyas, recordando a su madre, no habría muchas. Ella no era de esas. Así que la emoción inicial recubierta de euforia, comenzó a deshojarse, dejando solo una curiosidad latente.

Aún así, algo la unía de manera incomprensible a esa caja. Pero no sabía qué podía ser.

Frank le comento que conocía a alguien que podría abrirla por poco dinero, pero a ella le pareció una actitud deshonesta para el único vínculo que quedaba con su familia. Es cierto que su padre dejó parientes que nunca se hicieron hacer cargo de ella. Esa fue la principal razón por la que acabó en aquel odioso orfanato. Así que su vida había transcurrido sin ninguna familia a la que pedir ayuda en momentos de necesidad.

Y ahora esa caja era la única llave para comunicarse con su pasado, para acercarse a su familia.

Por eso le dijo al capataz que la dejaran sola en esa habitación. Pidió que se fueran a comer. Ya se acercaba esa hora y ella necesitaba ese momento.

Rápidamente ante la ruda voz todos salieron hacia el exterior, sacudiéndose el polvo de manera ruidosa, en un desfile organizado que por fin desembocó en el deseado silencio.

Y allí estaba Ana. Ante lo único que quedaba de su vida desconocida, mientras que su cabeza comenzó a elucubrar. Poco a poco se fue calmando, y fue liberando de su mente falsas esperanzas. Quería vivir y disfrutar el momento. Lo que hubiera dentro tenía muchos visos de ser una decepción, pero el momento que se le había regalado no tenía precio.

E iba a disfrutarlo. Por eso dejó su mente en blanco, y abrazó la caja.

Fue un abrazo largo y sentido. De esos que se dan cuando te encuentras a alguien que no ves desde hace mucho tiempo. En los que absorbes todo lo que ha pasado durante esa ausencia, y se produce una transmisión de espiritualidad que serena el alma. Y ya nada importó lo que hubiera dentro.

Había conectado con sus padres. El trágico accidente fue tan inesperado como inevitable. Así era la vida. Sólo el que sufre una tragedia así, puede sentir esa pérdida. Los demás nos lo podemos imaginar. Pero el silencio y el vacío eran de ella. Y en parte se llenaban con ese abrazo.

No podría decir cuánto tiempo estuvo allí. No sabía distinguir entre el sueño y la vigilia. Se había mantenido en un estado alterado de conciencia, alejada del mundo, en el que por su cabeza se intercambiaron recuerdos e ilusiones, que la hicieron regresar a su infancia, y llegaron recuerdos que creía olvidados. Sensaciones, emociones, incluso olores.

Supo reconocer nítidamente el olor a esas barritas de incienso que su madre colocaba estratégicamente por la casa. Era un olor inconfundible. Su nueva casa olía a eso. Y seguiría oliendo. Nunca le faltaban esas barritas en casa. Un día las descubrió al pasar por un comercio, y le golpearon súbitamente trayéndole todos sus recuerdos a la vez. Creía que había sufrido un ictus del golpe tan intenso que sufrió, pero una vez recuperada, se adentró y desde ese día se sintió más unida a su madre que nunca.

Fue saliendo de ese trance. Ya estaba aquí, mirando la caja desde la distancia, como intentando integrarse en ella. Y tuvo claro cómo se abría la caja. Sus dedos se acercaron temblorosos, y teclearon los números que conformaban su fecha de nacimiento. Y se oyó un clic que accionó la puerta, separando unos milímetros la misma del marco.

Detrás de esa puerta estaba la respuesta a tanto tiempo esperando una señal.

El primer impulso fue de decepción. Era una caja fuerte, por lo que había dinero. Era bastante dinero para aquella época. Los ahorros de toda una vida juntos. Las esperanzas puestas en un futuro que daban fortaleza para trabajar duro día a día. Dinero para los estudios de Ana, para comprar una segunda vivienda en un lugar idílico, donde descansar junto a la familia. Muchas ilusiones que quedaron en nada.

Esos marcos enrollados olían a catástrofe. No se podían utilizar, no por el paso del tiempo, sino porque estaban cargados de angustia y tristeza.

Pero un poco más adentro había un poco de luz. Se adivinaba un fulgor verde que la llenó de alegría y de lágrimas. Había merecido la pena. Era el collar de su madre. Esa piedra verde jade desgastada con la que la recordaba, con la que tanto había jugueteado mientras su madre la cogía en brazos, estaba ahora en sus manos. Era como si su esencia volviera a estar con ella.

Daba gracias al cielo por ese regalo que había recibido. Nunca pensó que todo ese vacío que sentía en su interior, y que la acompañaba siempre, se pudieran paliar de la manera que estaba comprobando en ese momento. Su madre estaba junto a ella, y siempre lo estaría. Ese vínculo que siempre había existido, tomaba fuerza con esa piedra que la volvía a unir para siempre a su querida madre.

Su firme idea de comprar la casa, que en un principio parecía una locura, nada propio de ella, se convirtió en una fehaciente prueba de que los impulsos que le salían del corazón estaban movidos por una fuerza desconocida que la ayudarían siempre. Porque Ana sentía que era su madre la que los dirigía. Y ella siempre velaría por su vida.

Henchida de emociones, se colocó el collar en su cuello, sintiendo como comenzaba a formar parte de su cuerpo para siempre, igual que su madre la acompañaba. Ahora tenía la prueba de que su presencia era real.

También había en el interior unas barritas de incienso, desgastadas por el paso del tiempo, pero que mantenían el aroma que había llenado su casa. Qué harían allí dentro de una caja fuerte. No tenía mucho sentido, siempre estaban por casa. Era como si su madre las hubiera dejado allí, a modo de legado. Pero, para qué. Cómo iba a saber su madre que iba a morir tan pronto.

En realidad, daba igual. Ese collar era el mejor regalo que le podía dar la vida, y ahora se sentía plena, cerca como nunca de su madre, con una conexión que perduraría en el tiempo.

Se olvidó de las varitas y de la caja. Disfrutaba del tacto de la piedra, y, sobre todo, de lo que la hacía sentir. Algo la transportaba a un estado de felicidad y plenitud, similar a cuando le llegaba la inspiración y pintaba, entonces ese estado se apoderaba de ella, y así se dejaba llevar.

Iba a cerrar la caja, cuando le pareció ver que al fondo se intuía algo más. Hubiera pasado inadvertido, porque el color lo camuflaba, pero pudo apreciar, por unas pequeñas arrugas, un sobre que se aplastaba al final de la caja. Introdujo su mano y descubrió que, efectivamente, se trataba de un sobre en cuyo exterior únicamente constaba su nombre: Ana

Se quedó paralizada, sin reacción. No sabía qué hacer. Llegaron sonidos desde el exterior. Los obreros volvían de la comida, por lo que se levantó, lo guardó todo en el bolso como si alguien viniera a robarle, y bajó por la escalera buscando el aire del exterior, como si hubiera estado en una habitación en llamas.

Se despidió de todos.

La intención de Frank era invitarla a una copa. Lo había estado ensayando en su cabeza durante la comida, pero todo se fue al traste al ver la cara de Ana. No era el momento.

18

Sevilla tiene un color especial. Así reza la canción y así lo confirma todo el que la visita. Es difícil de explicar, porque no es sólo la luz, el sol, la temperatura. Es mucho más. Son los reflejos de sus edificios cargados de historia. Esa mezcla de culturas interrelacionadas entre sí, formando una cultura propia, compuesta por todas ellas a la vez, que hace que refleje en sus calles esa luz, que también es especial. Y se une al resto de matices conformando algo que no se puede definir con palabras.

Los que disfrutamos Sevilla porque nacimos aquí, estamos acostumbrados a este aroma que sentimos parte nuestra. Es la conjunción de naranjos con sus flores de azahar estallando, al compás de la brisa del río, que inunda la ciudad de una fragancia inigualable. Es el olor de Sevilla en primavera.

Porque sabemos lo que es la calor. Da igual la época del año. Estamos tan acostumbrados a ella, que no la notamos. Por que en Sevilla no existe el calor. Aquí tenemos la calor, y vivimos con ella. Y nos sirve para disfrutar del fresquito de la mañana y de la noche. Por eso, nos encanta ponernos algo de manga larga por la mañana temprano, porque sabemos que dentro de muy poco nos va a sobrar de tal manera, que no sería suficiente con tirarlo a la basura. Pero le damos utilidad en ese camino al trabajo, en esa copa por la noche, o vivirá apoyado en nuestro hombro y hará el viaje de ida y vuelta sin colocarse.

Me encantaba todo eso. Y puedo decir que lo disfruté enormemente durante muchos años. Era un bohemio que había tenido la suerte de disfrutar esta vida en la ciudad más maravillosa del mundo. Había viajado por todos los países del mundo. Me encantaba. Me abría la mente y me mantenía vivo. Pero esa sensación de llegar a mi ciudad, a mis orígenes, y volverla a descubrir, era única.

La disfrutaba tanto cuando estaba como cuando llegaba. Disfrutaba de su gente, de sus monumentos, de sus bares, y poco más. Bueno sí, de las librerías. Ese era mi gran delirio. Mira que en Sevilla no había muchas. Por supuesto, no me refiero a las franquicias. Esos supermercados de los libros en los que los dependientes te vendían como si fueran salchichas o verduras no me atraían.

Mi locura eran las librerías de siempre. Las que ya quedaban pocas pero que mantenían la esencia. Solían ser pequeñas. Muchas de ellas estaban especializadas en temas concretos. Me daba igual. El olor era mi droga preferida. Solo entrar en ellas ya merecía la pena. Y me conocían en todas. Era buen cliente. Compraba libros por impulsos, sólo con mirar la portada. Pero eso era lo de menos. En esas librerías se encontraba gente genuina.

Fíate siempre de la gente que lee mucho. No te decepcionará.

Era una de mis frases preferidas. Era mía, y la repetía con frecuencia. Estaba seguro de que era una gran verdad. Y los libreros solían leer mucho. No les quedaba más remedio. Eran buenos consejeros y, para mí, eso los hacía buenas personas.

Por eso pasaba tanto tiempo en las librerías. Ojeando libros, pero sobre todo conversando con los dueños de los negocios. Ya eran mis amigos. Después de tantos años, muchas amistades forjadas eran debidas a los libros. Empezábamos hablando de un autor, y cuando nos dábamos cuenta estábamos en conversaciones de todo tipo, que me enriquecían y me ayudaban a conocer experiencias y mentalidades distintas a las mías. Al fin y al cabo, eso era la esencia de las relaciones entre personas.

Desde la EXPO 92 Sevilla dio un salto importante para convertirse en una moderna y gran ciudad. Y eso solía estar en contra de estos negocios. Era difícil competir contra las grandes superficies, y más adelante contra los libros digitales, por lo que muchos de esos negocios fueron desapareciendo poco a poco por falta de rentabilidad. Y eso me entristecía profundamente.
Y con esa sensación de tristeza fue como conocí un día a David.

Había pasado por su local varias veces y vi como se afanaban en montar algo que a mí me pareció un restaurante. La zona de la Alfalfa se había puesto de moda hacía algunos años, y la aparición de nuevos bares y restaurantes con el estilo de vanguardia comenzaron a reproducirse ocupando viejos negocios que habían caído en desgracia.

A mí no me llamaron nunca la atención esos restaurantes de palanganas enormes con una bolita en medio. Yo prefería la antigua usanza. El tapeo debía ser declarado patrimonio inmaterial de la UNESCO. De hecho, mi cocina estaba impoluta. Y, además, últimamente había descubierto la comida a domicilio. Y eso había sido ya la excusa perfecta para vaguear cuando me apetecía. En realidad, había descubierto la variedad de la comida a domicilio. Mi compadre Paco me llevaba surtiendo de albóndigas y montaditos de todos los estilos desde hacía años. El bar de la esquina de toda la vida. Con esas tapas, esos negocios no desaparecerían nunca. Sólo bastaba con mantener los secretos de las recetas y pasarlas a la siguiente generación. Ricardo y sus croquetas eran el gran ejemplo.

Pero un día descubrí, para gran regocijo de mi alma, que lo que había montado mi nuevo amigo David era una librería de segunda mano. A dos pasos de mi casa, en plena calle Boteros, en el corazón de la Alfalfa, que casi podía olerla desde mi salón. Cuántas horas pasé allí dentro. No era grande, pero sus techos de casi cinco metros la convertían en una especie de catedral. La catedral de los libros usados, como yo la anunciaba. Esas estanterías repletas de todo tipo de ejemplares daban un aspecto imponente que me paralizaba al entrar, a pesar de llevar años entrando. Y así ocurría con todo el que llegaba, aunque quizás en mi caso fuera algo excesivo.

También es verdad que la consideraba como mía. No sólo porque había servido de inversor con la cesión desinteresada de gran parte de mi biblioteca, sino porque pasaba muchas horas allí dentro. Aquello no sólo era una librería. Era un lugar de encuentro donde nos reuníamos locos de los libros. Aunque también todo tipo de gente del barrio.

Además, era como mi oficina. Allí recibía a todo el que me requería para algo. Y era el lugar de encuentro con Miguel, el representante de la empresa de detectives que llevaba contratando desde que volví de Alemania para que encontraran a mi hija.

Siempre que nos reuníamos era para justificar los emolumentos que se generaban a causa de la investigación. Y de todas las averiguaciones de calles sin salida que sacaban después de tantos años de investigación.

Lo más que habían conseguido encontrar era un accidente de tráfico de una mujer llamada Sara Friedich, que murió con su marido y dejó una hija de cinco años. Por lo que aquello me hacía conjeturar que mi hija se llamaba Ana Friedich, pero por el momento no habían podido localizar a ninguna. Eso fue durante una de las últimas reuniones que tuvimos. Poco después me llegó el regalo del ictus que me tiene ahora postrado como nuca supe imaginar.

Además, cuando me llegó esa información, ya estaba mayor, y todo aquello, a pesar de moverme en el interior, me superaba excesivamente. Aunque siempre me quedaba la llama encendida de que aquella pudiera ser mi hija y que la pudiera ver algún día. Quién sabía, la de vueltas que daba la vida.

De hecho, a veces me despertaba con la necesidad de volver a Alemania e iniciar yo mismo la búsqueda. Pero al bajarme de la cama, el crujir de mis rodillas me hacían abandonar rápidamente esa idea. No llegaría ni a la esquina.

Además, aquello hizo rumiar una idea en mi interior que tomó forma de manera inverosímil. Lo hice como el que apuesta todas sus pocas ganancias al último trío que tiene entre las manos, mientras el resto de jugadores miran tras sus gafas de sol esperando que la carta que falta por salir, hiciera que saltaran encima de mí y me expulsaran del tapete.

Pero en el póker siempre había sorpresas de última hora. Y aquello que hice al menos calmó mi conciencia. Tampoco tenía nada que perder.

Pero, volviendo a donde estaba, allí se hablaba de todo. Muchas veces se trasladaba el debate a un bar cercano. Y algunos de esos días David y yo nos quedábamos conversando hasta altas horas de la madrugada.

Me parecía un buen chaval. No puedo negar que lo trataba como a un hijo. Y el me escuchaba con respeto y devoción, así que en cierto modo, me encontraba como en familia.

Y como yo tenía todo el tiempo del mundo, pues una parte de él lo pasaba en una especie de despacho que tenía en una de las estancias del local. Allí iban entrando y saliendo todo tipo de personas. No sólo clientes, sino jubilados, amigos de unos y de otros, curiosos. Gente que iba y venía y que aportaba su granito de opinión sobre los temas más inimaginables.

Allí se podía conversar sobre todo. El respeto era la única regla, y aunque ciertamente en ocasiones podíamos enervarnos con algunos temas, el bueno de David acudía raudo a pedir calma e intentar mediar.

Era un chico amable, de esos que te caen bien desde que lo conoces. Con aspecto bonachón y unos ojos limpios que te transmiten seguridad.

De hecho, era el único que guardaba una copia de las llaves de mi casa. Nunca las tuve que utilizar. Pero tenía la certeza de que él las guardaría sin generar ningún tipo de problemas.

Me llamaba Almirante. Yo, que me salvé de la mili por pies planos y que tenía fobia a las armas. Pero me hacía gracia el calificativo. En realidad, era descendiente del gran Almirante Lobo, incluso estuvo presente gran parte de mi familia el día que le pusieron ese nombre a la calle Pilotos, junto a la Puerta de Jerez, y era un enorme orgullo para mí que esa calle tan transitada que unía la Torre del Oro al centro de Sevilla, portara el apellido de mi familia. Esa calle en la que tanto había vivido, tantos recuerdos agridulces que llenaban mi paladar, no podía tener otro nombre.

Por eso se lo permitía. Es más, me encantaba. Era como mantener el valor de mi antepasado, aunque yo no me acercara ni a la suela de sus botas.

Además, compartía conmigo mi otra gran pasión. La música. Me gustaban todos los estilos, pero sobre todo la música clásica, y en especial, Vivaldi. Esa música parecía hablar por mí. Me transportaba hacia otros lugares con una fascinante facilidad. Cuando algo no iba bien, Vivaldi me reconfortaba.

Era como los abrazos. No me daban la solución, pero me daban el tempus necesario para prepararme. Mi casa se convertía en un teatro y la orquesta inundaba toda la estancia como si los músicos se hubieran puesto de acuerdo y hubieran ido a la Alfalfa a prestarme sus servicios. El tiempo se paraba y nada más importaba.

Yo no era nada de aparatos electrónicos, pero fue David el que me regaló un día un ipod con toda la obra de Vivaldi. No me manejaba muy bien con esos bichos, pero el chaval perdió parte de su tiempo y casi toda su paciencia en enseñarme, y di el salto hacia el exterior. Ya podía sumar los momentos de música en mi cabeza con el escenario que me apeteciera. Y en eso Sevilla era un verdadero espectáculo.

Podía elegir dónde sentarme y aislarme del mundo. Sólo mis cascos, mi ipod y yo. Unas veces la Plaza de España, otras la Plaza del Triunfo con la catedral imponente. Aunque mi preferida era coger el autobús temprano y subir a San Juan de Aznalfarache para ver las vistas de Sevilla desde la estatua del Sagrado Corazón de Jesús que la protege desde lo alto de la colina.

Pero no había nada como escuchar la música en directo. Era uno de mis mayores placeres. No importaba que fuera en un teatro o en una esquina de la calle Sierpes. Ese sonido me transportaba y hacía brotar una inmensa generosidad.

Un día estaba comiendo en un conocido restaurante del centro de la ciudad con David, invitándolo por su cumpleaños, cuando descubrí en la mesa de enfrente un grupo de personas que comían y departían alegremente. Sus caras eran conocidas para mí, aunque no las situaba en mi cabeza.

Presté más atención a lo que contaban, ignorando por momentos la animada conversación de mi joven amigo. Y al rato, saltó en mi cabeza la alarma que los situaba. Una inmensa alegría apareció en mi corazón. Llamé al camarero, y le pedí que me pasara la cuenta de esa mesa cuando terminaran de comer.

Disfruté cómo comían y bebían de manera disimulada. Cuando fueron a pagar, el camarero les indicó mi mesa, anunciándoles que no debían nada. Tras la sorpresa inicial, uno de ellos se levantó y se dirigió hacia nosotros.

- Buenas tardes. Estamos muy agradecidos, pero, ¿a que se debe esa invitación, caballero?. Con todos mis respetos, claro. – Preguntó con un acento del este, pero en perfecto castellano.
- Pues mire usted, querido señor. He gozado enormemente de su almuerzo. De cómo han disfrutado y, espero, de la alegría que les haya supuesto la invitación. Para mí no es

nada comparado con las satisfacciones que ustedes me dan a mí. Al principio no les reconocí, pero en el momento que lo hice no pude menos que invitarles. Es lo menos que puedo hacer comparado con lo que ustedes hacen por mí cuando se suben a un escenario. Seguramente no sean conscientes de ello, porque es su trabajo y repiten las obras a veces de manera mecánica. Pero esa capacidad de emocionar que tienen con su música es impagable. De hecho, esta noche estaré en el concierto que ofrecen, y espero que esta invitación les recuerde lo importante que es la música en la vida. Es un bien inmaterial que nos hace mejores. Y ustedes son el vehículo. Por eso, permítanme que les vuelva a agradecer su trabajo.

El señor no pudo más que reconocer con sus emocionados ojos mis palabras, me estrechó fuertemente la mano, y yo saludé a los otros integrantes de la mesa, que habían escuchado nuestra conversación. Comencé a aplaudirles, y el resto del salón, que al parecer había estado atento a mis palabras, comenzó a aplaudirles. Al final, todo el salón, incluidos los músicos y sus acompañantes, aplaudimos sonoramente.

Y se pudo constatar lo que siempre pensé. La música nos hace mejores personas.

19

Hoy tengo un nuevo compañero de celda. No parece que el casting para entrar sea muy complicado, porque tiene pocas diferencias con respecto al anterior. No sé de dónde viene, pero su desorientación indica que debe llevar tiempo solo.

Lo reciben Antonio y Adelaida, junto con un chico que parece ser el celador y un conductor de ambulancias, que es el que parece que lo trae de algún sitio. Se afanan en colocarlo lo más cómodo posible, lo revisan de arriba y abajo, y le hacen todo tipo de preguntas. Pero sólo reciben silencio a cambio. Me recuerda bastante a mi situación inicial en este centro.

Pero ya no soy aquel. Ahora noto que tengo más fuerzas. Y, con dificultad, comienzo a hablar. Me cuesta la misma vida articular las palabras, pero voy haciendo avances. No se lo he dicho a nadie, sólo Adelaida conoce mis progresos. No me fío de nadie. Pero, sobre todo, no me fío de mi hija, que acaba de entrar cuando terminan de colocar al nuevo inquilino de mi pisito de soltero.

La cara de Macarena no me engaña. Soy su padre, lo quiera ella o no lo quiera. Y noto cómo está disimulando. Y eso sólo puede traer problemas. No se puede pasar de un extremo a otro sin que signifique algo. Así que enciendo todas mis alertas y empiezo a sospechar de todo lo que me rodea.

Bueno, del de enfrente no. El pobre no está para mucho trote. Así que tengo un sospechoso menos en mi lista. En realidad, tengo dos. Adelaida entra en la habitación para ver qué tal me encuentro. Observo cómo mira a mi hija, y su semblante cambia cuando la nota tan solícita y encantadora. Ella también desconfía de ese cambio tan radical de un día para otro. Ahí hay gato encerrado. Y me mira de reojo. Está de mi lado y noto en su expresión que me va a cuidar, por lo que no hace alusión a mi mejoría, sino que me arropa en la cama, y me dice un hasta pronto cargado de sentido.

Yo me siento más seguro desde ese momento y, aunque no relajo mi tensión y mi alerta, me noto más descansado. Y así pasa la tarde, hasta que mi hija se despide, dándome un beso en la mejilla.

Ese beso no era de amor. Era de despedida. Era de muerte. Su cara no reflejaba lo que decía, pero yo tenía una ventaja con respecto a ella. Olía lo que hacía. Siempre fui por delante. Y en esta ocasión también fue así.

No te vas a salir con la tuya. Se lo dije con la mente. Podría haberlo hecho con la voz, aunque quizás no me hubiera entendido bien. Pero mi insinuación le llegó, porque rápidamente se retiró, y se dirigió hacia la puerta como si realmente le hubiera hablado. Algo le debió llegar porque ni siquiera miró hacia atrás al salir.

20

Pasó muy poco tiempo cuando Adelaida entró a verme. La noté preocupada, y ella notó mi tensión.

Comenzó a decirme que había visto que mi hija se había ido, y lo rara que la había visto antes. No entendía qué había pasado, pero notaba que algo había ocurrido. Sentía que quería ayudarme y que podía confiar en ella. Aún así, mis alertas estaban funcionando, y no podía tener ningún despiste.

Seguía siendo una posibilidad que mi hija Macarena hubiera engañado a Adelaida para ponerla en mi contra. No podía fiarme de nadie. Así que seguí fingiendo que no podía hablar y que seguía estando sin fuerzas. Mejor prevenir que después lamentar.

Así que se marchó después de arroparme y comprobar que todo estaba bien. No hizo nada que me resultara sospechoso, así que me quedé más tranquilo.

Poco a poco se hizo de noche, y viendo que allí había poco que hacer, comencé a relajarme y el sueño comenzó a acompañarme. Cuando ya estaba a punto de rendirme, un sonido sutil me despertó. Era el crujir de la puerta que se abría poco a poco en la penumbra.

Era un enfermero, que accedió a la habitación y cerró la puerta tras de sí. Se quedó parado, como pensando lo que iba a hacer. Me miró y sonrió, y se fue acercando poco a poco hacia mi cama.

-   Bueno, abuelito. – Me dijo mirándome a los ojos – Vamos a descansar en condiciones, ¿no?.

Y sacó de su bolsillo una jeringa con una aguja encapsulada. Se dirigió hacia el suero que estaba conectado en mi brazo, y se dispuso a inyectar el líquido que había en su interior.

No podía dar crédito a lo que estaba pasando. Ese criminal había entrado en mi habitación sin ningún control, y me iba a matar sin que nadie pudiera hacer nada para evitarlo. Yo me encontraba paralizado. Veía cómo iba a morir cuando en mi cabeza tenía tantas esperanzas puestas en salir de allí. No lo entendía.

Y entonces, a la vez que se acercaba al suero para inyectarlo, mi cerebro se dio cuenta de que podía hacer algo. La paralización dio paso a un estado de excitación, en el cual puse todas mis fuerzas para que un simple movimiento bastara. Mi recuperación tenía que ser suficiente para intentar salvar mi vida.

Así que concentré todas mis fuerzas en el brazo izquierdo, y golpeé violentamente hacia el individuo que, confiado en mi debilidad, no me esperó. La jeringa salió despedida, y su cara se convirtió en un rictus al verse sorprendido. Aproveché esos segundos de duda e incredulidad para coger el timbre y pulsarlo. La chicharra comenzó a sonar en el Control de la planta.

Pero hasta que llegara alguien daba tiempo para que ese sinvergüenza pudiera matarme. Así que hice acopio de las pocas fuerzas que me quedaban, y grité mi segunda palabra:

-    ¡¡¡¡¡Socorrooooooo!!!!!

La sorpresa del asesino fue mayúscula. No sólo esperaba que estuviera postrado en la cama y que hubiera sido un trabajo fácil, sino que mi grito lo descolocó del todo. Lo que parecía un trabajito para cualquier principiante, se había convertido en una situación delicada. No supo qué hacer, pero cuando se escucharon pasos en el pasillo, reaccionó y se quitó de en medio. La habitación estaba en una planta baja, lo que facilitó que abriera una ventana y se escapara junto cuando Antonio y Adelaida entraron por la puerta.

No daban crédito a lo que podría estar pasando. Mi cara era de profunda satisfacción. Este viejo desvalido había podido con aquel niñato. La adrenalina corría por mis venas como caballos galopando.

Antonio hizo el intento de salir detrás, pero decidió que tampoco las tenía todas consigo, así que volvió a la cama para comprobar que estaba bien.

Los acontecimientos se precipitaron con una velocidad que escapaba a mi control. Llamaron a la policía, que se personó rápidamente. Comenzaron a hacerme preguntas, pero entre los nervios y mi estado de salud, no fui capaz más que de contestar algunas frases inconexas.

Pero antes de que llegara la policía, mientras que Antonio y Adelaida se quedaron junto a mí, sí pude explicarles con más tranquilidad lo que pasaba.

A duras penas pude explicarles que no sabía quién era ese hombre, pero que estaba seguro que lo había enviado mi hija Macarena. Las dudas sobre las dos personas que tenía a mi lado habían desaparecido. Ciertamente me arriesgaba a equivocarme, pero había algo en mi interior que me decía que estaba en lo cierto. Esa corazonada me ayudó a expresar pacientemente cuanto que necesitaba transmitir.

También le dije que el otro día creí ver a mi otra hija, Ana, por la ventana. Parecía una locura, pero tenía la certeza de que no era un fantasma. Esos ojos que la miraban eran reales. Y pertenecían a mi hija. Estaba fuera y estaba aquí. Sentía que estaba cerca.

Pero no veía la forma de encontrarme con ella.

21

Ana aterriza en Sevilla. Al salir del aeropuerto tiene la tentación de volver. Pero no por todo lo que implica ese viaje, sino por la bofetada de calor que recibe al abrirse las puertas automáticas. Aquello realmente es irrespirable, como le dijo una de sus amigas.

Pero poco a poco comienza a recuperarse. Aún así, las piernas le flojean y le suda cada uno de los poros de la piel como si fuera a deshidratarse por momentos. En la cola del autobús se agarra a la barandilla porque cree que va a caer. Está pálida y se siente sin fuerzas. Pero la cola avanza y descubre los extremos de aquella ciudad. Al entrar en el autobús nota que un aire helado enfría todo el sudor que cubría su espalda. No podía entender qué estaba pasando. Y se da cuenta que ese es el único refugio posible. El aire acondicionado es el gran salvador.

Siempre pensó para qué servía el aire acondicionado de su coche, y ahora entendía qué maravilloso podía llegar a ser. Se acomodó en un asiento del final, y fue recuperándose de aquel desconsuelo que había sentido. Y a la vez temiendo cuando el autobús llegara a su parada y tuviera que volver a enfrentarse a ese clima insoportable.

Pero prefirió dejarlo a un lado y centrarse en lo que la había traído allí. Sólo unos días antes había recibido la noticia más sorprendente que se podía imaginar. Y después de todo lo que había investigado, no podía volver atrás.

Era una maravilla tener amigos informáticos, y eso había facilitado en parte la búsqueda. Pero ahora venía el trabajo de campo. La parte más complicada. Y el corazón se le desbocaba cuando pensaba en lo que le esperaba.

Quién le iba a decir hace unos días, cuando llegó a su nueva casa, que tantas sorpresas iban a aparecer en su vida. Todavía le tiemblan las manos cuando recuerda el momento en que encontró la carta.

Las calles se le hacían larguísimas cuando caminaba hacia su apartamento. Necesitaba soledad para descubrir lo que esa carta guardaba. Habían pasado tantos años. Y tantas cosas. Su corazón era una bomba de relojería a punto de explotar.

Por fin llegó a la puerta del piso. Le temblaban tanto las manos que se le cayeron las llaves al suelo. Intentó calmarse, y por fin pudo subir. Se preparó una tila alpina triple. Necesitaba estar tranquila. Cuando ya se sintió mejor, se sentó en su mesa de estudio, y desplegó el interior de la carta.

Era la letra de su madre. Lo sabía porque en la herencia recibió algunas cosas, entre las cuales había unos documentos que pertenecían a ella. Y esa letra, sin duda, era la de su querida mamá. Ahora su corazón volvía a coger velocidad, y las lágrimas afloraron. Así no sería capaz de leer. Así que respiró hondo, se enjugó las saladas inquilinas de sus ojos, y comenzó a empaparse de lo que expresaba aquella emotiva misiva.

Y así fue como descubrió la aventura de su madre, que había significado el inicio de su vida. No daba crédito a lo que leía. Siempre se imaginó a sus padres como lo que habían sido, pero nunca se planteó que su vida hubiera comenzado antes de que sus padres se conocieran.

Se creó su propia historia en la cabeza. Nunca tuvo respuestas a sus preguntas, por lo que se las inventó. Y así creó su propia biografía. Cómo iba a pensar ella que su padre era otro y que, además, estaba en España.

Siempre supo que esa era la procedencia de su madre, y es cierto que siempre tuvo la inquietud de visitar su país de origen para reencontrarse con su familia. Pero se le antojaba una empresa difícil después de tanto tiempo. Hablaba español porque su madre siempre le hablaba en ese idioma. Y cuando falleció y fue mayor para decidir, quiso estudiarlo como homenaje a ella.

Pero, ahora, no sólo sabía que su padre era español, sino que tenía un nombre.

Juan Lobo

Su padre tenía nombre. Y no era el que ella siempre había pensado. Su madre le contaba con palabras emocionadas que fue una aventura maravillosa, de solo unos meses, de la cual yo fui el fruto que se convirtió en el mejor regalo que podría soñar.

Pero el destino quiso que le ofrecieran un trabajo soñado, y ella decidió abandonarlo todo a pesar del embarazo, y separarse del que pudo haber sido el amor de su vida. Cualquiera hubiera dicho que el carácter de su madre había sido más alemán que español, y es que siempre vio en ella una fuerte determinación.

Estaba segura de que le habría costado mucho dar aquel paso. Y esa carta era un fiel reflejo de lo que pasaba por su cabeza. Había retazos de arrepentimiento, y, si no hubieran acontecidos aquellos trágicos sucesos, probablemente hubiera leído antes esa carta.

Pero ahora estaba allí. Delante de una noticia que hacía que su pasado no fuera el que se había imaginado. Eso no se podía cambiar. Y en su interior comenzó a fraguarse una imperiosa necesidad de conocer a su padre. ¿Sería él consciente de que tenía una hija en Alemania?. ¿Querría conocerme?.

Todas esas preguntas se entremezclaban en su mente. No sabía si tenía que ir a buscarlo. Aunque, había bastantes probabilidades de que estuviera muerto. investigó en internet, pero se le hacía complicado el encontrar pistas que le llevaran a él. Así que llamó por teléfono a uno de sus amigos, Adler, experto en prefería no saber qué. Le explicó todo y quedó en llamarla cuando descubriera algo.

No sabía qué hacer. Los nervios se la comían por dentro. Al cabo de unas horas, sonó el teléfono. Era Adler, que había encontrado algo.

Comentó que no le había resultado fácil, pero que había encontrado algunas cosas. Todavía hablando con él, corrió hacia la calle para encontrarse en su casa a los pocos minutos.

Tenía la dirección y un teléfono. No había dudas de que era él. Tenía unos 80 años, vivía en Sevilla y, por el momento, no había certificado de defunción a su nombre. Así que ahora tenía que decidir qué hacer.

Y allí estaba ella, en pleno julio sevillano, recién bajada del autobús en la Plaza del Prado, superando con creces los cuarenta grados a la sombra, por lo que no quería imaginar la temperatura a la que se caminaría por el sol. Por lo que decidió sentarse en la misma cafetería de la estación, y estudiar un poco del callejero para empaparse de los monumentos de aquella bella ciudad. Necesitaba ubicarse para tener un punto de partida. Tenía algunos datos sobre dónde podía encontrar a su padre, y pensaba que sería una buena elección el conocer la ciudad donde él vivía.

Le llamó la atención el imponente centro histórico. Y la cantidad de monumentos e iglesias que se repartían entre sus calles. Necesitaría días para poder verlo todos. No tenía prisa. Quería adaptarse a esa ciudad. Al fin y al cabo, ella fue concebida allí, por lo que quería rendir pleitesía a sus orígenes.

Mientras sus dedos caminaban por las calles de su guía, se paró súbitamente ante la Torre del Oro. Pero no por ella. Ya la conocía. Sino por la calle que se encaminaba hacia el centro. Almirante Lobo. No podía ser. El apellido de su padre estaba en una calle de Sevilla. No podía ser casualidad. No era un apellido común, por lo que algo tendría que ver. Anotó en el libro que tenía que preguntarle a Adler si había alguna referencia en internet al respecto.

Por eso decidió comenzar su visita por ahí, en homenaje a su padre, al que esperaba conocer pronto.

La policía decidió que había suficientes indicios de que me habían intentado asesinar, por lo que decidieron que un agente se quedara vigilando mi puerta.

Desde aquel momento ya me quedé más tranquilo. Al menos la policía actuaría de manera disuasoria ante cualquiera que quisiera hacerme daño.

Por lo que me contó Adelaida en una de sus visitas, habían revisado las cámaras de seguridad, y el autor del intento de homicidio hacia mi persona parecía ser un conocido delincuente, contratado a menudo por todo aquel que quisiera no mojarse las manos. Ya sabían dónde localizarlo, aunque aún no habían dado con él.

Yo no tenía dudas de quién lo había contratado. Por un lado, no me extrañaba. Pero por otro, me daba pena que mi propia hija hubiera contratado a alguien para asesinarme. Además, después de haberlo intentado ella. Después de todo, no pensaba que hubiera sido un mal padre. Al menos, hasta donde me habían dejado que llegara.

Pero bueno, así es la vida. Y yo, mirando con perspectiva, no podía quejarme. Sólo me quedaba pendiente el haber conocido a Ana. Y la cosa se estaba complicando bastante. Así que, sintiéndome más seguro, me dediqué a recordar mis momentos con Sara, a ver si eso hacía mover alguna energía cósmica y Ana volvía a aparecer.

23

Adelaida terminó su turno de trabajo. Eran las ocho y media de la mañana. Se había retrasado un poco porque decidió ir a echarle otro vistazo a Juan una vez había dado el cambio de turno a sus compañeros.

No entendía muy bien aquella historia. No estaba acostumbrada a ese tipo de situaciones. Un intento de asesinato, policías haciendo guardia, investigadores preguntando.

Aquel era un hospital tranquilo. Gente mayor que ingresaba, que iba y venía entre altas e ingresos varios, hasta que finalmente muchos de ellos descansaban. Estaban acostumbrados a eso.

Era lo que allí se vivía, e intentaban hacerlo lo mejor posible. Se trataba de un Hospital donde se cuidaba a la gente, cuando ya había poco que hacer. Aún así, era un trabajo muy enriquecedor, y con Juan había tenido un feeling especial desde que llegó.

Además, había visto su mejoría y cómo él sacaba fuerzas de flaqueza para intentar recuperarse.

Lo pasado esas últimas horas la tenían aún desconcertada. Y más aún la historia de la hija secreta que más o menos le había intentado explicar. De todas formas, poco tenía ella que hacer. La policía ya estaba allí y buscaría el culpable de todo aquello.

Es cierto que había notado diferente a su hija, pero no creía que fuera como para querer matar a su padre. Ciertamente ese hombre, después de esos días ingresado, podría ver cosas irreales. Además, su turno había sido duro, a lo que se sumaba la tensión de los últimos momentos. Tenía ganas de llegar a casa, darse una ducha y meterse en la cama. Le costaría trabajo dormir, como siempre, pero al menos descansaría el cuerpo.

Abrió el coche, y cuando dejó las bolsas dentro y fue a entrar, vio a lo lejos, detrás de uno de los eucaliptos cercanos, a una chica. No estaba segura de lo que veía, estaba amaneciendo y sus ojos estaban cansados, pero podría ser la chica de la que le habló Juan. Salió completamente del coche, y fue cuando ella la saludó con la mano.

Se la veía algo confusa, como si no supiera lo que decir, por lo que fue Adelaida la que tomó la iniciativa.

- Hola, soy Adelaida, ¿eres Ana?

La chica se quedó boquiabierta. ¿Cómo era posible que esa señorita conociera su nombre?. Nadie en España la conocía, y, de repente, la primera persona con la que habla frente a frente conoce su nombre.

- Sí – balbuceó.
- Entonces tenía razón Juan cuando creyó ver a su hija.
- ¿Cómo sabe él mi nombre? – preguntó la chica algo azorada aún.
- Pues tendrás que preguntárselo a él. Después del ictus que le dio hace unos días no está muy hablador. Así que tendrás que interrogarlo tú misma.
- ¿Está muy grave?
- Hombre, es mayor – respondió Adelaida – pero se le ve cada vez más fuerte. Aunque nunca se sabe, claro.

Siguieron conversando un rato, poniéndose al día de todo lo que pudo sacar en claro. Ella le explicó cómo había descubierto la carta, y cómo había llegado a Sevilla para intentar encontrarse con su padre.

En la dirección que tenía de él, la casera le había indicado que estaba aquí ingresado, hasta que dio con el número de habitación preguntando en Admisión. Tardó varias horas en descubrir a qué ventana correspondía su habitación, y pasó varios ratos furtivos observándolo sin saber qué decirle o cómo entrar. Hasta que él la vio.

Fue una conexión de segundos, pero suficiente para saber que su padre era esa persona, que se consumía en aquella cama. Y entonces entró Adelaida, y decidió quitarse de en medio buscando una ocasión mejor.

La cuestión ahora era que la policía vigilaba la habitación, por lo que habría que buscar alguna alternativa para poder conseguir el encuentro entre padre e hija, sin que nadie los viera.

Adelaida no volvía en unos días. Le propuso verse para valorar cómo podría reunirse con su padre. Así que todo quedó organizado para llamarse por teléfono y organizar de qué manera se podía organizar el reencuentro. Tampoco se podía quitar de la cabeza la amenaza de Macarena. Aunque era complicado, empezaba a temer por la vida de su paciente.

24

Macarena estaba en su coche aparcada. No había podido dormir y había decidido acudir al Hospital temprano. Debía actuar como buena hija delante de la Policía. El día anterior la había llamado Martín para comunicarle que todo había sido un desastre.

De todas formas, ella había sido cuidadosa y sería difícil que la implicaran en todo eso. Pero era buena idea fingir para que no sospecharan.

Antes de salir del coche, vio que pasaba delante de ella una de las auxiliares que trataban a su padre. Su cara soñolienta se dirigía a su coche, aparcado cerca de ella. La siguió indiferente con la mirada. Cuando ya iba a entrar en el coche, observó que miraba hacia los árboles, y dirigió también su mirada hacia ellos.

Y para su sorpresa descubrió a una mujer de unos 40 años, que se acercó al coche. No la conocía, pero su cara le resultó familiar. No sabía si era del hospital o de otro lugar, hasta que se le erizó la piel de todo el cuerpo, y una vaga sensación se convirtió en un presagio que la tambaleó, tras lo que subió por su garganta el miedo en forma de arcada. Tal que tuvo que abrir la puerta del coche para vomitar disimuladamente.

No tenía dudas de que esa cara le recordaba a su padre, y aquella era la única persona que nunca pensaba que se iba a encontrar.

Finalizaron la conversación, y cada una se montó en su coche. Y salieron del hospital.

Tras unos segundos de paralización, todo su cuerpo se transformó en rabia, y arrancó el coche con el firme propósito de matarla. No sabía cómo, pero iba a matarla. Y aceleró a fondo.

Le temblaban las manos al volante. Todo su cuerpo temblaba y controlaba el coche con dificultad. No sólo por la elevada velocidad, sino porque su cabeza hervía de odio. Cómo su padre podía haberle hecho eso.

Probablemente si ella hubiera sabido que tenía una hermana, se habría portado mejor con su padre. Pero él tampoco puso mucho de su parte para que se llevaran bien. Nunca estaba en casa, y no le preocupó que hiciera su vida únicamente con su madre. Ella desde niña aprendió a hacer las cosas de una manera, y si él hubiera estado más pendiente, ella hubiera sentido la cercanía y el amor de un padre al que seguro hubiera correspondido. Pero no, tuvo una hija con otra y ahora esa niñata venía a quitarle su sitio cuando la vela de su padre se iba apagando. Qué casualidad que apareciera ahora.

Seguro que Hans la había avisado, ella habría venido a por el dinero. Qué otra cosa iba a querer ahora que no fuera su maldito dinero. Venía a quitárselo a ella, la heredera legítima Por supuesto que no iba a permitírselo.

Y conforme esas ideas bullían en su cabeza, el pie del acelerador pisaba más fuerte. Suerte que conducían por una autovía, y eso permitía que se fuera acercando cada vez más. Ya la veía tan cerca que ideaba cómo sacarla de la carretera.

No había mucho tráfico, lo que permitió que no hubiera testigos si hacía las cosas bien. Miraba al cielo que comenzaba a despertar tras el amanecer con unas nubes que jugaban a colorearlo de un rosa anaranjado, que contrastaba como si de un lienzo se tratara con el celeste que lo rodeaba todo.

Podría ser un buen día para matar a alguien y despejar el camino. Así que pisó aún más si cabe el acelerador, dirigiéndose por el lateral del coche de Ana para intentar sacarla de la carretera. La sorpresa haría el resto, y a esa velocidad dudaba que lo contara.

Preparó sus brazos para sostener con fuerza el volante ante las embestidas, y se dirigió como un kamikaze contra el coche que ya divisaba a pocos metros. Se aferró fuerte y cerró los ojos para prepararse para el choque.

Pero no ocurrió nada. Y cuando abrió los ojos, el otro coche no estaba. Cómo era posible si no había notado ni tan siquiera un solo roce.

Y al volver la cabeza hacia atrás, se dio cuenta de que el coche había dejado la autovía por una salida que apareció justo cuando ella iba a provocar el accidente. No se podía creer que aquello le estuviera pasando a ella. El destino no estaba de su parte, y empezó a temer que todo pudiese salir tan mal como ella nunca quiso llegar a pensar.

De todas formas, respiró hondo, y se dirigió al hotel donde Martin le había dicho que se hospedaba. Esperaba que se dirigiera hacia allí, para no perderle la pista. Ahora debería ser Martin y su equipo de imbéciles el que debía hacer el trabajo.

Ana no sabía muy bien qué hacer. Su cabeza estaba en creciente excitación, no veía el momento en el que encontrarse con su padre, poder hablar con él. Tenía tantas cosas que contarle, que no sabía por dónde empezar.

Pero dependía de Adelaida. Le había dejado su teléfono, que había contratado a través de una sim de prepago, para poder estar conectada esos días y no depender de su teléfono alemán. Así que esperaría su llamada.

Así que decidió pasear. Tenía tantas cosas que ver, y todo era tan desconocido para ella, que cualquier lugar por el que empezar le parecía adecuado. Aparcó por la zona de la antigua estación de Córdoba, y comenzó a andar sin rumbo.

La ciudad bullía a pesar de estar en pleno verano. Se veía a gente aprovechando el frescor de la mañana, para luego evitar las horas más calurosas. Sevilla ya era una gran ciudad. A pesar de que se veían establecimientos cerrados y que mucha gente estaba de vacaciones, la llegada al centro se notó en la multitud que paseaba por sus calles.

Se dirigió hacia la Puerta de Jerez, pasando por el impresionante Hotel Alfonso XXIII. Pero antes divisó un bello edificio, el Rectorado, sede de varias Universidades. Entre los detalles que había descubierto su amigo, uno de ellos fue que su padre había sido profesor. ¿Sería aquella la Universidad donde se conocieron sus padres?. Y sin dudarlo, entró.

Los pasillos estaban vacíos. Conocía que aquel edificio había sido una antigua fábrica de tabacos. No podía oler ese perfume, pero allí le olía a algo especial. No sabía definir a qué. Si eran imaginaciones suyas, si su cerebro quería encontrar vestigios de su descendencia, aunque fuera de manera ficticia. Pero allí se encontraba bien. La magnitud de esos muros impresionaba a cualquiera.

Se sentó en uno de los bancos de madera, y sintió el frescor que recorría los pasillos.

Pudo ver a sus padres moverse de un lado para otro, cargados de libros, con sus caras sonrientes y disfrutando de su trabajo. Porque seguro que disfrutaban de su trabajo. Eran maravillosas personas, lo sentía. Y seguro que mucha gente los había disfrutado.

Ahora ya no estaban. Su madre, porque había fallecido. Y su padre, porque su salud era bastante delicada. Ahora estaba ella, en un mar de dudas, sin saber hacia dónde ir, sin saber qué pensar. Y en ese estado discurrió la mañana.

Cuando por fin salió al exterior, no la recibió la alta temperatura que esperaba. El cielo estaba sorprendentemente nublado, y la temperatura no llegaba a los 30º. Por lo que aprovechó para continuar con su paseo. Y volvió a Almirante Lobo, con la Torre del Oro al fondo, desde donde llegaban los efluvios del río, que la hicieron sentir como en casa.

De lo que no fue consciente es de que alguien la observaba. Desde los jardines aledaños al Paseo Cristina, una señorita seguía sus pasos.

Macarena estaba apostada junto a un árbol, jugueteando con el móvil. Hasta que decidió hablar con él. Se puso en contacto con Martín, y se citó con él en media hora para enseñarle su nueva presa. Ahora no podía fallar. Todos los intentos anteriores no tenían ningún tipo de validez. La solución perfecta era conseguir encontrar un accidente que quitara de la circulación a esa chica. Así todos sus problemas se solucionarían de manera radical.

Nunca las dos hermanas habían estado tan cerca y tan lejos a la vez. Es cierto que Macarena jugaba con la ventaja de su situación de incógnito.

Aún así, no iba a ser fácil deshacerse de ella. No confiaba en esa panda de ineptos.

Parece que el esfuerzo que hice me está dando la cara, y me lo va a hacer pagar caro. Me siento más debilitado, más torpe, y mi cabeza está más mareada de lo normal.

Aún así lucho por mantenerme despierto. La noche ha sido muy agitada para mi maltrecho cuerpo, y me siento cansado. Más bien, agotado. Pero no me quiero dormir, porque a pesar de saber que la Policía está en la puerta, algo me dice que sigo estando en peligro.

Pero es superior a mí, y me vence el sueño. No es que descanse, pero el duermevela en el que se convierte mi estado me permite descansar. Noto desde el sopor en el que naufrago que entra alguien a ponerme medicación.

Si es el asesino, ya no tengo fuerzas para defenderme. Me entrego a mi verdugo, porque las fuerzas ya no me están acompañando. Noto cómo entra en mi torrente sanguíneo la mezcla de drogas. Y siento la relajación y el bienestar que me produce. Al menos la muerte será agradable. No veo ni la luz ni el túnel. Sólo siento el placer que me produce ese abandono.

Me encuentro bien. No sé si es la muerte o si continúo perteneciendo al mundo de los vivos. Pero en ese momento ya todo me da igual. Mi cuerpo tiende al abandono y yo me dejo llevar.

Por fin consigo descansar.

El bar estaba repleto. Como se decía por aquí, hasta la bandera. La cerveza y el tinto corrían por doquier entre las manos de todo el mundo. Los camareros no solo estaban detrás de la barra. Cualquiera que estuviera allí era un intermediario para pasar las tapas y las bebidas hacia los que estaban más atrás.

Todo el mundo colaboraba, y la buena sintonía reinaba entre todos los presentes. La gente se lo pasaba bien, y un rumor escandaloso brotaba no sólo desde dentro del bar, sino desde toda Santa Catalina, donde se juntaba la gente entre todos los veladores que allí se agolpaban. El Rinconcillo era la taberna más antigua de Sevilla, y era el centro neurálgico del tapeo en esa zona.

Si no te comías unas espinacas con garbanzos no habías conocido Sevilla. Por eso aquello era una Torre de Babel en miniatura. Guiris de todas las partes del mundo se mezclaban con sevillanos de toda cepa, de todas las edades y de cualquier clase social. Eso era lo que tenían los bares, cualquiera podía entrar.

Y allí habían acordado encontrarse Adelaida y Antonio junto con algunos de sus compañeros. No era frecuente que se vieran, pero ese día despedían a una compañera y habían quedado los más íntimos para celebrarlo. La cerveza corría sin parar, y sus conversaciones se unían a las de los cientos de personas que allí se agolpaban.

Estaban pasando un buen rato. Esas reuniones eran tan o más necesarias que las que se realizaban en el Hospital. Allí era cuando la gente se mostraba como era y así se conocía a la gente de verdad. Y todos era buena gente.

Al final, por mucho que no lo quieran, acaban hablando del trabajo, pero siempre se intenta buscar la parte divertida de tantas horas empleadas en cuidar de la gente. Surgen miles de anécdotas que hacen pasar un buen rato a todos los presentes. Y así se hace más llevadera la carga emocional que supone tratar con personas enfermas y sus familias.

Las personas que se dedican a cuidar son buenas personas. Se necesita serlo para soportar todo lo que ven día a día. Eso no está pagado con dinero. Y estas reuniones enriquecen a la gente, porque le aportan esa parte inmaterial que tanto necesita el alma.

Siempre decían que lo tenían que repetir más a menudo, pero después las vidas de cada uno dificultaban esos encuentros. Es por eso que había que aprovecharlos.

Decidieron ir a tomar una copa a un local cercano, por lo que se encaminaron ya entrada la noche. Reían y charlaban en voz alta, y lo pasaban bien. De repente, se encontraron a una muchacha que se les abalanzó y les dio un susto de muerte.

28

Después de todo un día de turista, sus pies ya no pueden más. Decide irse a su hotel a darse una ducha, y a continuación sale a cenar. Ha reservado en un restaurante que le aconsejó uno de sus amigos. Le apetece disfrutar de las delicias del sur, y ese bar parece tener todas las recomendaciones que ella necesitaba en ese momento.

Además, Adelaida le había enviado un mensaje donde le comentaba que esa noche no le era posible, pero que al día siguiente trabajaría por la noche, y podían elegir ese momento para visitar a su padre.

Es por eso que se dispuso a disfrutar de lo que quedaba de noche. Nunca se sabía lo que le espera a uno en la vida.

Así que devoró con ganas todo lo que pidió, junto a una helada cerveza, mucho más suave que las que ella estaba acostumbrada a degustar.

Además, la servían en unos vasos anchos y altos, con la cerveza muy fría hasta la mitad. Sus hábitos eran otros, pero rápidamente se acostumbró a las nuevas costumbres, y fueron más de una las que se tomó.

Y así pasó la noche, hasta que notó que su cuerpo necesitaba descanso. Por lo que se encaminó hacia su hotel. Las calles ya no estaban tan concurridas, así que el taconeo que la acompañaba repiqueteaba fuertemente contra los adoquines, muchos de ellos colocados de manera irregular, lo que, junto con las cervezas ingeridas, hacían que pusiera en peligro en más de una ocasión la integridad de sus tobillos.

Su cabeza estaba más cerca de la cama del hotel que del piso, por lo que su cuerpo se encaminaba como si una fuerza de atracción la llevara hasta el Inglaterra, que es donde se alojaba.

Pero algo la alertó. En ningún momento se sintió insegura, pero es cierto que era tarde y todas las ciudades tienen delincuentes que atacan a turistas. Y más, siendo mujer. Por lo que puso atención. Y notó un taconeo que redoblaba con el suyo, que cada vez se acercaba más. Miró hacia atrás, y vio un señor que disimulaba al verse descubierto. Hizo ademán de estar buscando algo en los bolsillos, y se paró junto a una esquina.

Continuó hacia delante sintiéndose más tranquila, pero duró poco tiempo cuando descubrió que los pasos volvían a sonar, a un ritmo mayor.

El miedo comenzó a paralizarla, pero aligeró el paso sin pensarlo. Maldijo por haberse puesto tacones esa noche para cenar sola. Recordaba perfectamente dónde había dejado las zapatillas de deporte junto al baño.

La velocidad de sus pasos aumentaba en consonancia con los pasos que notaba que la perseguían. Porque ahora sí estaba segura de que la perseguían. Así que se puso a correr, y comprobó mirando atrás que su perseguidor también estaba corriendo. Había decidido volver al Hotel por las callejuelas estrechas de la Judería, que le parecieron encantadoras. Pero ahora le parecían un laberinto sin fin, que la estaba llevando a la boca del lobo. Sentía cada vez más cerca a su perseguidor, casi notaba su aliento.

En su cabeza pasaban situaciones posibles ante aquel ataque, y ninguno era bueno. Le querría robar, tendría algún arma, ...

Giró en una esquina sintiéndose atrapada, sin apenas resuello, con el corazón a punto de salir de su boca, cuando se encontró de golpe con un grupo que paseaba por esa calle. Se abalanzó hacia ellos pidiendo socorro, y descubrió para su enorme sorpresa que eran Adelaida y Antonio, junto con otros compañeros.

El perseguidor, sintiéndose atrapado, continuó corriendo en dirección contraria, porque algunos de los jóvenes, al ver a la chica desprotegida, y ante la expresión de Adelaida, fueron a sujetarlo para pedirle explicaciones. Pero se escapó.

A ella le dio igual. Se sentía segura en los brazos de la única mujer que conocía en esa ciudad. Estaba claro que el destino la había puesto en su camino. Se había convertido en su ángel de la guarda. Y le estaba infinitamente agradecida.

Poco a poco comenzó a calmarse. Caminaron juntos y la acompañaron hasta su hotel. Ana parecía más tranquila, pero el miedo que había pasado no la terminaba de abandonar.

Los chicos iban a tomarse una copa. Eran trabajadores del hospital. Habían salido a tomar algo, para descargar tensiones y comentar temas que nada tenían que ver con el trabajo. Así que la invitaron a acompañarlos. Como ella no quería quedarse sola, aceptó la invitación y se fue con ellos.

Poco a poco pasó el susto. Todo quedó en un intento de asalto. No podía pensar que había una persona que le deseaba la muerte.

El piso era grande, aunque la decoración estaba desfasada. Desde hacía bastante tiempo hubiera venido bien una buena reforma. Pero no parecía que eso se pudiera afrontar por ahora. Los negocios no iban bien en la familia. Tenían embargados todos sus bienes.

Y el futuro de los negocios de su marido no era muy halagüeño.

Por eso Macarena sólo tenía un objetivo. El dinero de su padre tenía que ser suyo. Era la única posibilidad de sobrevivir a tanta miseria. Lo siguiente que haría sería divorciarse de ese lastre que había mantenido la mayor parte de su vida.

Nunca pensó cuando lo conoció que iba a tener que pasar tanta penuria. Ella que estaba acostumbrada a que todo se lo pusieran por delante, comenzó a encontrar problemas donde nunca esperaba que aparecieran.

Ese hombre parecía que tenía agujeros en los bolsillos. Y ella pasó su vida pidiendo dinero a su padre. Ese piso es lo único que les quedaba. Habían tenido que hipotecarlo nuevamente, pero así llevaban malviviendo desde hacía mucho tiempo. Y en realidad, ya se habían acostumbrado a esa situación.

No habían tenido hijos. Eso les había salvado en parte, de tener más gastos, pero había restado alegrías en sus vidas. Quizás si hubieran tenido hijos la vida les hubiera sonreído de otra manera. A esas alturas su relación estaba rota. Los únicos inquilinos que habitaron entre esas paredes fueron algunos perros, que solo servían para dar mal olor y destrozar todo el mobiliario que encontraban a su paso. Les cogía cariño, pero ni siquiera esos animales fueron suficientes para calmar la sensación de soledad sentida durante tantos años.

Al final cada uno tuvo un perro. Hasta en eso estaban desunidos. Fueron sus nuevas parejas, en ese matrimonio roto por las desgracias. Y todas ellas venían causadas por el maldito dinero que siempre escaseaba.

De hecho, casi se podía decir que hacían vidas separadas. No había otras personas, pero no hacían planes juntos desde hacía tiempo. En parte, eso facilitaba que se mantuvieran en el mismo techo. No se veían, por lo que no se peleaban. Y así pasaban los días de su vida.

Y allí estaba ella, sentada en un banco de la cocina, cenando un sándwich con un vaso de leche. Junto al plato reposaba su teléfono. Sus ojos no se separaban de la pantalla. Comía despacio, sin apetito. La tensión no le permitía disfrutar de aquella improvisada cena.

El sonido de las agujas del reloj retumbaba en el silencio de la noche, pero no era suficiente para cortar la tensión que se respiraba. No iba a poder dormir. Su vida dependía de esa llamada.

Miraba hacia las paredes. Les hacía falta una buena pintura. Su cerebro esos últimos días la había llevado a decorar su casa mentalmente, y ahora volvía a hacerlo inconscientemente. Pero el sonido del teléfono la devolvió a la realidad. Y casi hace que se caiga del asiento.

Era Martín. Sólo dijo cuatro palabras:

-    Ha sido un desastre.

Y Macarena volvió a vomitar.

Ana no conseguía desprenderse del miedo que había pasado. La Plaza Nueva estaba vacía y en silencio. Todavía no se le había calmado el corazón. Fue una buena idea ir a tomarse una copa. Pero no se lo estaba pasando bien. Y la cara con que la miraba Adelaida no la tranquilizaba.

Esos ojos parecían estar pensando. Percibía que había algo más en su mirada. Y no podía ser bueno.

Se alegró enormemente de que la invitara a ir a su casa. No pensaba que fuera buena idea quedarse sola en el hotel. No sabía qué pensar. Todo le parecía sospechoso. Y en su cabeza algo le decía que Adelaida podía tener la respuesta.

Así que se despidieron de los demás, y se montaron en un taxi. Ana insistió en pagarlo, y Adelaida no se negó. En unos minutos llegaron al apartamento. No dejó de mirar hacia atrás por si alguien los seguía. Pero no era Ana la que miraba, sino Adelaida.

Subieron rápidamente, y se sentaron en el sofá. Vivía sola en un pequeño apartamento de la zona de la Alameda. Era guapa. Tenía unos cincuenta años, pero se le veía una vitalidad como si tuviera treinta. Estaba divorciada. No tenía hijos y no necesitaba a otra persona a su lado. Así que vivía sola, sin preocupaciones. Le gustaba su trabajo. Entraba y salía a su antojo. Era feliz.

Vestía de manera casual, y su despeinado pelo rizado iba acorde con como era ella. Pero sus preciosos ojos azules, marcados de algunas arrugas, mostraban ahora una enorme preocupación. Y se la transmitió a Ana.

Le contó todo lo que recordaba sobre su relación con su padre, pero sobre todo el cambio de actitud que había apreciado en Macarena desde que, casualmente Ana había aparecido en Sevilla. No sabía cómo, pero pensaba que había alguna relación.

Ana le comentó que gracias a la búsqueda que su amigo realizó por internet, conocía de la existencia de su hermana, pero que no había tenido ningún contacto con ella. No podía entender de qué manera Macarena se había enterado no solo de su existencia, sino de que estuviera allí.

Además, qué sentido tendría que su hermana quisiera hacerle daño.

Vino a su cabeza que el día anterior, cuando salió en su coche del hospital, antes de salir de la autovía que la llevaba a Sevilla, vio por el espejo retrovisor un coche que venía a gran velocidad detrás de ella conducido por una mujer, que podía haberla sacado de la carretera si ella no hubiera girado a la derecha para coger una salida, que impidió que ocurriera nada. No le dio más importancia, creyó que podría ser una casualidad más.

Pero ahora podía tener sentido. Y empezó a asustarse.

Adelaida creía que no se podían fiar de Macarena, y se lo dijo a Ana. Además, cada vez era más imperioso que Ana hablara con su padre. No se podía demorar más el encuentro. Quizás su padre le diera respuestas a sus preguntas, pero sobre todo necesitaba estar con su padre. Recuperar parte del tiempo perdido era ahora esencial en su vida. La mayor prioridad. Y lo necesitaba más que ninguna otra cosa.

De todas formas, tenía que hacer caso a Adelaida. Debía ser prudente. Por si acaso. Así que se preparó el cómodo sofá para intentar descansar. Lo que pasara el día siguiente iba a necesitar que su cabeza estuviera despejada, así que era imprescindible descansar.

Y lo intentó, aunque no lo consiguió. La adrenalina corría aún por sus venas y sus neuronas se afanaban en idear situaciones futuras, que la sumieron en un estado de sueño ligero, alterado por cualquier sonido que llegaba del exterior.

Con las primeras luces que se filtraban por las rejillas de madera que cerraban el balcón decidió levantarse y preparar algo de desayuno que encontrara en la cocina. Tenía que tener la mente ocupada con algo. Y ese era el principio.

Además, anoche decidieron que tenían que ir a la policía a denunciar lo que ocurrió. Ana no estaba muy segura, pero Adelaida la convenció de que quizás los hechos ocurridos en el hospital con el intento de asesinato de su padre podrían estar relacionados. Y era mejor informar antes de que se pudieran complicar las cosas y ya fuera demasiado tarde.

Así que aprovecharon la mañana para poner la denuncia, que les hizo perder un buen rato, y a continuación fueron a la peluquería de un amigo de Adelaida de la calle Enladrillada, muy cerca de su piso, para llevar a cabo otro de los consejos de su nueva amiga. Había decidido que se cortara el pelo y se lo tiñera. Eso despistaría a quien pudiera estar persiguiéndola. Sobre todo, si estaban en el hospital vigilando.

Así que se puso en manos de Arturo, cerró los ojos, y los abrió para conocer a la nueva Ana, una guapa chica de pelo corto y rubio, más alemana de lo que había sido en sus cuarenta años anteriores. No sabía si había sido buena idea, pero entre los dos la convencieron de que ganaba con el cambio.

Fueron a comer algo, y callejearon por el centro hasta la Alfalfa. Tenía idea de comprar algo para sentirse más cerca de su madre cuando conversara con su padre. Y Adelaida la convenció de que aquel era el mejor sitio para buscarlo.

Macarena había pasado una mala noche. No sólo no había descansado nada por culpa de la ineptitud de otros. Ahora también se le había metido en la cabeza que, si investigaban al servicio de detectives que tenía contratado, en algún momento darían con ella, atarían cabos, y el maravilloso futuro que se había imaginado caería como un castillo de naipes.

Así que se dio una ducha fría. La necesitaba como nunca. El dolor de cabeza era insoportable, pero el agua lo mejoró. No estaba fría, porque en esos meses en Sevilla nunca estaba fría. Pero a esa hora de la mañana le supo a gloria, y le sirvió para apartar a un lado esos nubarrones que amenazaban a su cabeza.

Se enjabonó lentamente, gustándose a ella misma. Era una lástima aquel cuerpo desaprovechado, tanto tiempo durmiendo en una cama tan grande y sin caricias. Comenzó a acerarse a sus partes más íntimas mientras se duchaba. Se planteó por un momento masturbarse mientras se enjuagaba, a veces le servía para mejorar el día.

Comenzó a hacerlo, pero no conseguía concentrarse. Rápidamente venían a su encuentro las preocupaciones, y empezó a sentir frío tras tanto tiempo cayéndole el agua. Es por eso que cerró el grifo, cogió el albornoz y comenzó a secarse. No le apetecía nada. Sólo quería que terminara aquella pesadilla.

Cuando salió de la ducha comprobó que su marido ya no estaba. Para ella era un alivio no tener que fingir y hablar con él por las mañanas como si fueran una familia. Aunque estuviera despierta, prefería hacerse la dormida para no coincidir con él. Así era más sencillo y se evitaban conflictos.

Notaba retortijones en el estómago. Llevaba mucho tiempo sin comer, y aunque no le apetecía nada, se preparó un café de cápsula y se comió un croissant de la despensa. Con eso tendría bastante para echar el día.

Así que se dirigió al hospital para hacer de buena hija. Le parecía importante parecerlo delante de la policía que custodiaba a su padre. Además, tendría una buena coartada si aquellos imbéciles conseguían algo, aunque cada vez lo veía más complicado.

Desde el coche llamó a Martin. No le cogió el teléfono, lo cual no le pareció buen presagio. Quince minutos más tarde le devolvió la llamada, informándola de que no sólo no habían podido capturar a Ana, sino que además habían perdido su pista. La noche anterior no durmió en el hotel, y por mucho que la buscaban, no lograban dar con ella.

Colgó sin responder. Estaba hastiada de escuchar a ese estúpido. Ya había tenido suficiente por hoy. Estaba convencida de que no volvería a hablar con él. De todas formas, no hacían nada a derechas.

Así que se encaminó hacia el hospital, suplicando que su padre estuviera peor. Al menos eso facilitaría las cosas. Ni en eso confiaba ya.

32

Decidieron por el camino que había que tomar precauciones. Así que Ana se escondió acostada en la parte de atrás del coche de Adelaida. Habían pensado que se quedaría en el coche esperando hasta pasados unos minutos, y una vez que se comprobara que no había nada sospechoso, entraría en el interior del hospital intentando no llamar la atención.

Adelaida le indicó un lugar menos frecuentado para entrar, y le explicó en un croquis dónde iban a encontrarse. A partir de ahí habría que improvisar en función de las circunstancias.

Ana iba vestida con un uniforme blanco que le prestó Adelaida, y ambas habían bajado hasta el garaje y se montaron en el coche, dirigiéndose hacia el hospital.

Cuando llegaron, nada parecía sospechoso en el aparcamiento, pero aún así, Adelaida decidió que se quedara en el coche, y se dirigió hacia los vestuarios para cambiarse. Le dejó las llaves del coche, y acordaron hablar por teléfono para decidir cuándo entraría.
Así que se despidieron y se infundieron ánimos.

Ese tiempo que pasó en el coche le pareció eterno. No sabía qué tenía que sospechar o qué temer. Estaba confiando en la percepción de una persona que apenas conocía. Es cierto que esa noche había confirmado fehacientemente que habían conectado, pero la conocía desde hacía solo dos días.

Sentía la necesidad imperiosa de ver a su padre. Tenía la impresión de estar perdiendo cada segundo de aquel encierro sin motivo aparente. ¿Debía desconfiar realmente de su hermana?, ¿no serían sólo suspicacias y casualidades?.
Pero recordando el miedo que había pasado, cualquier precaución le parecía poca. No podía entender por qué podría suponer un ataque su irrupción en la vida de su padre, ella sólo buscaba un reencuentro que había aparecido como por arte de magia.

Le parecía una gran oportunidad, y no quería desaprovecharla. Por eso se armó de paciencia y esperó. Quién espera lo mucho, espera lo poco. Así que siguió contando los segundos que marcaba el reloj de pulsera que sonaba en el silencio de la noche, dentro de aquel coche, como si le retumbaran los oídos.

Adelaida entró en el Control de Enfermería como si nada pasara. Aquello se convertía por momentos en una algarabía sin control. Seis personas se iban y seis llegaban, y en aquel reducido espacio todos hablaban a la vez.

Se solapaban los mensajes de cambio de turno con las bromas y las anécdotas. Ese momento de reunión era mágico. Allí se podía hablar de todo. En un Servicio en el que trabajaban más de cien personas como aquel, las relaciones interpersonales eran básicas para que las cosas funcionaran bien.

En general solía haber buen ambiente. Aunque entre tanta gente siempre existían ovejas negras, la mayoría era gente que se llevaba bien, que bromeaba, y que había aprendido a tomarse la vida de otra manera.

Si se lleva todo el turno de trabajo viendo sufrimiento, cuando se sale de allí se intenta disminuir la carga de tristeza en su vida. Es una cuestión de compensación. Este trabajo obliga a aprender a desconectar. Es muy importante, y cierto es que no todo el mundo lo consigue igual, pero al final se debe aprender a hacerlo, o posiblemente se muera en el intento.

Es por eso que la categoría sanitaria aprende a tomarse la vida de otra manera. Tiene más facilidad para ver la parte hermosa y positiva, y eso a veces se puede confundir con pasotismo o dejadez. Pero no es así. O aprendes a soltar lastre, o caes tú al mar. Y hay gente que nace con esa habilidad, y gente que se lo tiene que trabajar a lo largo de su vida laboral.

Pero al final es un trabajo como cualquier otro. Y en todos los trabajos se fuma. Y en aquel también. El paciente se vuelve un cliente, y el negocio de la sanidad dificulta en muchas ocasiones el arte de cuidar. Está en las propias personas que componen su estructura el que no se olvide esa esencia. Y no siempre es fácil.

Y en ese mare magnum en el que se había convertido aquel cubículo, había un poco de todo. Pero Adelaida se llevaba bien con todo el mundo. Ella era así, le salía de forma innata, era la bondad personificada, así que todo el mundo la quería.

Pero desde que entró, Antonio no dejaba de mirarla, sabía que pasaba algo, y le vio la cara de preocupación. Aún así esperó a que le dieran la información de los pacientes que estaban a su cargo, y la llevó a un lateral para preguntarle. Ambos habían conocido a Ana y sabían que algo raro estaba pasando.

Adelaida lo tranquilizó y le explicó lo que habían planeado. Se volvieron a reunir con el resto a escuchar lo que allí se contaba entre el olor a café recién hecho, esa droga que nunca faltaba en aquel espacio, y que atraía como moscas al resto de profesionales que trabajaban en el centro. A veces parecía imposible que tanta gente pudiera caber en aquel reducido cubículo.

Y entonces fue cuando Adelaida vio a Antonio coger su teléfono y, disimuladamente, mandar un mensaje.

Macarena llevaba todo el día en esa habitación del hospital sin saber qué hacer. Su padre estaba cada vez peor. Se había llevado todo el día dormitando. El médico le había dicho que pensaba que podría estar ante sus últimos días. Pero eso nunca se sabía. Las personas eran una caja de sorpresas. Y su padre nunca dejaba de sorprenderla.

Así que estuvo todo el día mirando para la puerta entreabierta donde estaba el policía, esperando que entrara alguien. Y eso le dio tiempo para pensar. Era difícil que Martín y sus secuaces hicieran algo en condiciones, así que había que buscar alguna alternativa.

Viendo que su padre se estaba apagando, la única posibilidad que le podía despertar es ver a su hermana, así que tenía que estar pendiente para evitarlo. Y decidió buscar aliados.

El enfermero que estaba ese día parecía un buen tipo. Además, ella no tenía nada que perder, y su última carta la libraría de problemas. Por lo que, después de un par de acercamientos, observó desde la ventana que estaba fumando en la calle, y aprovechó el momento para lanzarse sobre él.

Llegó mostrando todas sus plumas de pavo real, contoneándose, con la original excusa del mechero. El papel de mujer afligida por la muerte de su padre siempre daba mucho juego, y cuando ya creyó tenerlo en su mano, le añadió la desgracia de que había una hermana cruel que los había abandonado y que quería quitarle ahora su dinero.

Puso su cara lastimera con los ojos torneados como un gatito, y él cayó ante sus fauces.

Bueno, eso, y los 200 euros que le dio para que la avisara a su teléfono si alguien visitaba a su padre. Eso le pareció suficiente.

Así que el resto del día estuvo más tranquila. De hecho, rechazó un par de llamadas de Martín. No pensaba que pudiera aportar nada a estas alturas.

Volvió a ver unas cuantas veces a Antonio, que se volvió más solícito que antes de recibir su sueldo, y se fue al caer la tarde. Se había asegurado que el enfermero estaría allí hasta el día siguiente, porque doblaba turno. Por lo que tenía el control de la situación asegurada.

Se montó en el coche, arrancó, y justo cuando iba a salir, vio cómo llegaba Adelaida en el suyo. Se quedó mirándola. Vio cómo cogía su bolsa y se adentraba en el edificio. No vio nada raro, así que puso la marcha, y se dirigió de vuelta a su casa. Esta noche sí podría descansar.

34

Adelaida no se podía creer lo que estaban viendo sus ojos.

Podían ser imaginaciones suyas, pero la cara de Antonio no era la misma que antes. Le entró un miedo incontrolable. Después de todo lo que habían organizado, se les podía ir todo el garete por confiar en el que creía su amigo.

Tenía que improvisar algo. No podía permitir que Ana se quedara sin ver a su padre por su metedura de pata. Necesitaba buscar un momento en el que él no pudiera avisar a alguien. Porque eso era lo que parecía que había hecho.

Así que entró en el baño y le mandó un mensaje a Ana tranquilizándola, diciéndole que iba a esperar un tiempo hasta que pudiera ir con su padre. Necesitaba pensar algo, pero en ese momento estaba tan paralizada, que todo le parecía una locura.

Ana dio un respingo al recibir el mensaje. Se puso incorporada, pero al leer el mensaje, se sintió decepcionada. La cabeza le iba a explotar con tanta espera. Pero confiaba en Adelaida, por lo que le contestó con un sencillo OK, y se dispuso a seguir navegando en el móvil, esperando el momento.

Ya no era suficiente con pensar algo para meterla en la habitación sin que nadie la viera, sino que tenía que hacerlo a espaldas de Antonio. Y desde que llegó, se había dado cuenta que la vigilaba con disimulo. Así que lo que pensara, debía estar bien diseñado para evitar cualquier error.

Y al entrar en la sala de medicación, una idea le vino a su mente. Era frecuente que las enfermeras de la Unidad sacaran ampollas de Morfina y de Midazolam para tratar las crisis de dolor y de agitación de los pacientes. Las tenían allí encima para no perder tiempo al necesitarlas con urgencia, así que disimuladamente cogió una y se la metió en el bolsillo.

Es por ello que diseñó un plan en su cabeza. Y tenía que salir bien. Después de realizar sus funciones, todo el equipo se dispuso a comer. Las comidas normalmente eran interrumpidas por los insistentes timbres de los pacientes que demandaban todo tipo de cuestiones.

Los profesionales se iban levantando por turnos. Así que cuando le tocó levantarse a Antonio, y aprovechando que sus compañeras estaban viendo algo interesante en la televisión, depositó el líquido de la ampolla que tenía en el bolsillo en su refresco.

Le temblaban tanto las manos, que casi lo echa fuera. Entre la tensión que ya tenía con Ana, se sumó el que la descubrieran haciendo aquella tontería. Así que cuando volvió a llegar Antonio, no pudo probar más bocado. No era capaz.

Pero no bebía. Era como si la hubiera visto de alguna manera, no sabía cómo. Le sudaban las manos y la espalda. No sabía qué pensar. Pero Antonio cogió por fin la bebida, y le dio un largo trago.

Pareció disgustarle un poco el sabor, y miró con cara rara a la lata. Pero ya se la había bebido.

Adelaida respiró por fin, después de no sabía cuánto tiempo llevaba conteniendo la respiración.

Terminaron la cena, se sentaron un rato, y Antonio comenzó a quedarse dormido en el sillón. Como todo el mundo sabía que estaba doblando turno, había una ley escrita de permitir el descanso al que lo hacía. Así que lo dejaron tranquilo, momento que Adelaida aprovechó para avisar a Ana. Ahora o nunca.

Macarena llegó a su casa con el cuerpo dolorido. Todo el día en ese maltrecho sillón la había dejado destrozada. Necesitaba urgentemente una ducha para liberarse de ese olor a hospital que sentía que le salía de los poros.

Le llevó demasiado tiempo llegar a Los Remedios, que era el barrio donde vivía. La cantidad de coches que se había encontrado a esa hora del atardecer de viernes la había puesto de los nervios. Dónde iría tanta gente a esas horas. Seguro que muchos volvían a casa desde su trabajo para encontrarse con sus maravillosas familias. Y otros salían a cenar o a tomar algo en esa cálida tarde veraniega, a pasear por el río, o a tomar una cerveza en algunas de las miles de terrazas que poblaban aquella ciudad.

Odiaba a todos y cada uno de los que se cruzó. Pitó con insistencia en cada semáforo que se ponía en verde. O a cada coche que no conducía como a ella le parecía que debía hacerlo en esos momentos. Estaba desquiciada. Necesitaba llegar a casa y deshacerse de toda esa gente que era feliz, o que al menos, lo parecía. No como ella, que era una amargada, y, además, lo parecía.

Y para mejorarlo todo, cuando llegó, su marido estaba en casa. En el sofá, en calzoncillos, con los calcetines puestos, con una cerveza en la mano y viendo el fútbol. Si hubiera tenido una pistola en la mano, le hubiera vaciado el cargador sin dudarlo un segundo. Pero no la tenía allí, así que dijo un hola que sonó a adiós, y se metió en su dormitorio.

Se quitó la ropa como si le diera asco, y se metió en la ducha. Quería olvidar todo lo que había pasado los últimos días. Necesitaba que todo aquello terminara de una vez. Se enjabonó con fuerza, y vino a su mente aquel enfermero con el que había perdido el dinero que tenía en metálico para aquel fin de semana. No sabía qué iba a inventarse para pedirle más dinero a su querido maridito.
Pero al menos la imagen de aquel muchacho le alegraba un poco, así que dejó por fin su mente volar, y se masturbó con ganas. Ahora sí lo consiguió. Esperaba que el ruido del agua hubiera disimulado los gemidos que salieron de su boca. Necesitaba liberarse, y ese recurso era el único que le quedaba. Se quedó un rato más debajo de la ducha, hasta que se recompuso.

Se secó, se puso una bata ligera, y recordó que su teléfono debía estar en silencio desde que estaba en el hospital. Por lo que fue hasta el bolso, lo cogió, y vio que había un mensaje.

- Mierda.

Adelaida abrió una puerta lateral con mucho sigilo. Aprovechando que Antonio estaba profundamente dormido, fruto del cansancio, se ausentó del Control de enfermería con la excusa de que iba al baño.

No había nadie al otro lado. Salió y miró a ambos lados. No lo podía entender. Le había mandado un mensaje a Ana muy claro. Lo habían estudiado en su casa. No entendía lo que podía haber pasado.

Y entonces la vio aparecer por la esquina derecha. Se había retrasado porque se había tropezado con algunas personas que no supo distinguir y se había asustado. Pero una vez que entró en el hospital, ya pareció una enfermera más. Es cierto que no llevaba identificación, pero en ese momento no les pareció importante.

Entraron en un almacén para coger un carro. Iba a ser la excusa para poder acceder a la habitación de su padre. Estaban tan nerviosas, que la concentración preparando el material impidió que se dieran cuenta que una presencia masculina se encontraba a su espalda.

-    ¿Dónde vais? – preguntó.

Casi se le caen las sábanas de las manos. Si Antonio se había despertado, todo el plan se iba al traste.

Pero cuando se volvieron, no era él. Era uno de los celadores que hacían turno esa noche. Adelaida improvisó y le contó lo primero que se le vino a la mente. Le explicó que Ana era la cuidadora de un paciente que necesitaba material para cambiarlo.

El celador puso cara de no creerse lo que le estaba diciendo, pero cuando le comentó que ella la iba a ayudar y que no hacía falta su presencia, se quedó más tranquilo. No se le veía con muchas ganas de trabajar, y eso facilitó su despedida.

Ahora quedaba la segunda parte. Cuando llegaron a la habitación, el policía dormitaba en un sillón. Es cierto que estaba de servicio, pero la falta de estímulos de ese sombrío pasillo facilitaba la tendencia al sueño. De todas formas, ante la presencia de aquellas dos chicas, se rehízo un poco, como queriendo mostrar su autoridad.

Pero no puso ningún impedimento, cuando le explicaron que venían a cambiarlo, no le dio por comprobar quienes eran ellas. No tenía muchas ganas de complicaciones. Así que entraron en la habitación, y cerraron la puerta.

Y en la cama estaba su padre. La de enfrente estaba vacía. Y la de su padre probablemente también. No sabía si había llegado demasiado tarde. Tenía un aspecto cadavérico que la impresionó. Había desmejorado mucho desde el día que lo vio por la ventana.

Pero era su padre. Estaba vivo e iba a intentar por todos los medios aprovechar el tiempo del que disponía. Sacó una de las barritas de incienso que había comprado y se dispuso a encenderla.

Vio como Adelaida se encaminaba hacia la puerta y los dejaba solos, respetando su intimidad

Mis ojos estaban cerrados. Me costaba cada vez más trabajo abrirlos. Pero llegó hasta mí un olor inconfundible. Ese incienso maravilloso atravesaba mis fosas nasales como hacía casi cincuenta años. Parecía tan real, que el sueño tan placentero parecía vívido como si hubiera vuelto al pasado.

Pero no estaba dormido. Estaba despierto, y ese olor era real. Pero, ¿de dónde podía proceder?. Y justo en el momento en el que iba a abrir los ojos para descubrir de dónde salía ese maravilloso olor, noté lo que llevaba años esperando.

Ese abrazo sirvió para compensar todos los abrazos perdidos. Ese abrazo inconfundible no podía ser de ninguna otra persona. Era exactamente como me lo había imaginado. Lleno de calidez, de ternura, de amabilidad. Me transmitía una paz interior que hacía que me dejara llevar.

Una respiración entrecortada acompañaba al abrazo. No sabía si reía o lloraba, pero notaba cómo su pecho se unía con el mío. Por fin llegaba ese momento tan deseado.

Y esas palabras que oía hicieron que mis ojos se convirtieran en una mar salada, incontrolable, que hacía que todo al final tuviera algún sentido.

-	Te quiero, papá.

Las fuerzas me abandonaban, pero tenía que hacer un ímprobo esfuerzo, aunque fuera el último. Aquel era el final que siempre había deseado. Es cierto que se había demorado mucho en el tiempo, pero, aún así, había merecido la pena.

Abrí los ojos y pude verla. Era ella. Era Ana. Mi Ana. Cuánto hubiera dado por haber disfrutado más de esos ojos. De jugar con ella. De acompañarla en su camino. De recibir sus besos y abrazos. Pero era suficiente. En esta vida no podemos elegir casi nada. Hubiera cambiado muchas cosas, aún así, ahora iba a disfrutar de ese momento.

Decía Gandhi que la felicidad se alcanza cuando lo que uno piensa, lo que uno dice y lo que uno hace están en armonía.

Y yo en ese momento experimenté la felicidad.

En mi cabeza sonó el tercer movimiento del Verano de Don Antonio Vivaldi. Ese concierto me había acompañado a lo largo de mi vida. Lo escuchaba de manera cíclica, sin poder parar.

Escuchaba todo tipo de música, pero aquello era inmejorable para mí. Me parecía la perfección hecha música. Cada unos de los movimientos de los cuatro conciertos me transmitían diferentes sentimientos. Fueron cambiando a lo largo de mi vida, de las circunstancias que me rodeaban, y, por supuesto, de cómo me sentía.

Ahora era feliz. Estábamos en verano, yo me estaba muriendo, y en mi cabeza sonaba ese Verano, para mí, la Felicidad.

El violín me acompañaba, eran mis latidos. Desbocados sin control hacia el final, pero de manera armónica. Con un vaivén que probablemente indicaba que mi deshecho corazón estaba apagándose. Pero se iba a apagar en su máximo esplendor. Con todos los violines y las violas subiendo a la vez, llevándome en tropel hacia donde fuera el más allá. Abrazado por fin a mi hija soñada. La que no había podido disfrutar, pero que por fin había logrado conocer.

Seguro que abría otra ocasión para que nuestras almas se volvieran a unir. No me importaba cómo ni cuándo. Pero confiaba ciegamente en que así sería.

Tenía la sensación de estar en medio de la orquesta, envuelto en sonidos e impregnándose en mí, llenándome de vibraciones.

Como escribió Vivaldi en el soneto dedicado a ese tercer movimiento del Verano:

"Sus miedos, por desgracia, son sinceros

Truena y relampaguea el cielo grandioso
Troncha espinas y grano, orgulloso"

Lo que comenzó en una noche de verano, iba a terminar en una noche de verano. Así era el inescrutable destino. Decidía como quería. Sin piedad, por supuesto, sin preguntar.

De mi boca salió un Te quiero, y el resto de mis maltrechas fuerzas, las últimas que quedaban en el fondo, las reservé para abrazarla. Un abrazo fiel y sincero. Un abrazo que pedía perdón por no haberla encontrado antes. Por no haber puesto más ahínco en su búsqueda. Un abrazo que le deseaba felicidad.

Y noté cómo la llama, mi llama, se iba apagando. Sólo logré decirle al oído:

-    Ve a Boteros.

Cuando Macarena llegó al Hospital, Ana ya no estaba. Salió de la habitación con la cara enjugada de lágrimas, lágrimas desconsoladas, y se fue hacia la calle. Ya desde el coche llamó a Adelaida, que se acercó a verla.

Poco había que decir. Ana le contó cómo fueron los últimos momentos. La sensación de que había pasado los últimos segundos de su padre junto a él le parecieron como quedarse con la miel en los labios.

Tenía tantas cosas que decirle, que no le parecía justo que no le hubiera dado tiempo a nada. Se quedaba con el abrazo emocionado y sincero que había recibido. Lo había sentido con todas las fuerzas que su padre había puesto.

Lo sentía debilitado, pero en el interior se notaba la potente energía que se generaba entre los dos. Innegablemente aquel era su padre. Y su relación había acabado en aquel maravilloso abrazo.

Ahora se había quedado con ese sabor agridulce. Y, además, estaba aquello que le había dicho en el último momento. No sabía si no lo había entendido bien o aquellas palabras carecían de sentido. Pero parecía que su padre hubiera estado esperando su llegada para decirlas.

¿Qué podría significar?

Estaba diciendo aquello, cuando una ráfaga de luces las deslumbró. Se ocultaron un poco tras el coche, y vieron como Macarena avanzaba hacia el aparcamiento a toda velocidad. Ana se metió en el coche y Adelaida se dirigió hacia el hospital para aparentar normalidad.

Macarena iba a conocer la noticia en breves minutos, y Ana no sabía cómo podía influirle eso a ella. Así que se tumbó en los asientos traseros del coche de Adelaida, y esperó al amanecer para que su amiga terminara el turno.

El entierro fue muy sencillo. Poca familia quedaba. En un lado de la iglesia, sola, Ana lloraba desconsolada.

Al otro lado de la iglesia, Macarena, con su marido, y algunos amigos del difunto, entre lo que se encontraba Hans. Un silencio sepulcral sólo era interrumpido por los sollozos de Ana.

El cura fue rápido, no tenía mucho que decir. Ni conocía a Juan, ni le iba mucho en aquel entierro. Hizo su trabajo, y dio por finalizado el acto.

Macarena decidió que lo mejor era la incineración, por lo que se procedió al trámite, y cada uno se fue por donde vino.

Ana tenía miedo de que Macarena se acercara, pero parece ser que no lo iba a hacer. Estaba eufórica con todo aquello. Había salido ganando por goleada. No había nada que demostrara que su hermanastra lo era como tal, por lo que la herencia sería para ella. Final de la partida. Y no tenía nada que hablar con Ana.

Cuando salió a la calle, uno de los taxis le preguntó si quería que la acercara al cementerio, pero ella, en cambio, le pidió que la llevara al centro. Poco podía hacer allí ya, y no podía quitarse de la cabeza las últimas palabras que le había dicho su padre.

Pero no sabía identificar qué le había querido decir exactamente. Esa era la calle donde vivía su padre, pero ella no podía ir a su casa. No la dejarían entrar, y su padre lo sabía. Además, qué sentido tenía que fuera a su casa, qué iba a buscar. Aún así, decidió dar una vuelta.

Una profunda tristeza la invadía. Qué injusta era esta vida. Tanto tiempo para conocer a su padre, y cuando por fin lo encuentra, no puede disfrutar de él. Sus pies vagaban por el adoquinado sevillano, sin rumbo ni dirección, como dejándose llevar.

Tenía unas enormes ganas de pintar y plasmar en un lienzo todos los sentimientos que afloraban en ella, pero no tenía fuerzas para eso ahora. Sólo podía andar mirando al suelo y vagabundear hasta que no le quedaran fuerzas.

Y entonces algo le hizo mirar hacia arriba. Estaba en la calle Boteros, y en esa esquina había una librería que se llamaba Boteros. Cuando fue consciente de dónde estaba, se dio cuenta de que el edificio donde vivía su padre estaba justo al lado. Y en ese instante salía un chico del local. Tendría su misma edad. No es que fuera guapo, pero su cara derrochaba bondad. Y la saludó.

- Hola, ¿te apetece un libro?
- ¡Claro!, ¿por qué no? – y entró a la librería.

Le impresionó los altos techos y las estanterías hasta arriba. Parecía una catedral de libros. Y el olor, qué maravilloso olor. Y lo supo.

- ¿Conocías a Juan Lobo? – le preguntó de manera atrevida.

- ¿Al Almirante Lobo?. ¡Pues claro!. Mi gran amigo Juan. Está ingresado en un hospital. Pronto volverá. – respondió con la cara iluminada.
- Soy su hija. Y siento decirle que no volverá. Vengo de su entierro.

El chaval mudó su rostro. No lo podía creer. Se sentó en una zona donde había varios sillones. No le salían las palabras.

- Pero, me has dicho que eres su hija. Y Juan sólo tenía una hija, Macarena. Nunca me habló de ti.

La chica le contó brevemente la historia. David la vivía como si de un libro de aventuras se tratase, pero cuando llegó al final, su cara cambió.

- ¿Puedes repetirme eso último que me has dicho? – preguntó.
- ¿Qué, lo del abrazo? – dijo Ana con la cara entristecida.
- No. Lo último que te dijo. Que vinieras a Boteros, ¿no?
- Sí. Eso me dijo. Pero, no sé qué podría significar.

El chaval se levantó y se dirigió a una trastienda que tenía en un lateral. Se oyó algo de ruido, y volvió con una caja de cartón entre las manos.

- Esta caja me la dejó hace algún tiempo. Se me había olvidado. Me ha dado tantos libros, que casi ni lo recordaba. Esta librería es casi más suya que mía. Vivo de los libros que me dan y los vendo baratos, pero me da para vivir. Sinceramente no sé cómo lo habría hecho si Don Juan no me hubiera ayudado. Era un tipo extraño, pero maravilloso. Así que, si el te ha dicho que vengas, seguro que era por lo que hay ahí. Recuerdo que me dijo que alguien vendría algún día a buscarla.

Y ahí estaba. Con una portada sencilla, que no dejaba entrever lo que se escondía en su interior, que titulaba.

El Almirante Lobo

40

El libro contenía una historia escrita a mano por su padre. La historia de su vida, desde su perspectiva, y ponía toda la pasión que Ana había creído entrever en los pocos instantes que pasó con él.

Se acomodó en uno de los sillones, aislándose del mundo. Daniel se dio cuenta del momento y se apartó lo suficiente para permitirle la intimidad que necesitaba.

Se enfrascó en su lectura y se empapó poco a poco de todos esos momentos. Lloró amargamente por no haber podido disfrutar y sufrir con él. Pero se sintió más cerca de una persona de lo que nunca había estado.

Ese abrazo que había servido de despedida ahora lo sentía más pleno, más completo. Era como si toda esa información hiciera que el abrazo perdido se hiciera presente. Como si todos los abrazos perdidos se recuperaran a través de aquellas palabras que se iban a mantener escritas para siempre en ese libro que conservaría como si la vida le fuera en ello.

Todos los momentos que pasó con su madre, ese amor que derrochaba en esas palabras al menos había tenido un fruto. Que era ella misma. Y al menos pudieron conocerse en el último momento. Esa situación la entristeció aún más. Qué injusta y despiadada era la vida con ella.

Muchos de los recuerdos que tenía de la infancia la invadieron nuevamente. Y no sólo lloró por la muerte de su padre. También lloró por la muerte de su madre. Por un momento se sintió muy desgraciada por todo lo que había sufrido.

Pero poco a poco se recompuso. Ella era una mujer positiva y luchadora. Y siempre había encontrado la parte enriquecedora en todas las historias que conformaban sus cuarenta y tantos tan bien llevados. Ahora, con su pelo corto y rubio, más alemana que nunca. Y ese carácter que había encontrado en su educación, que no en sus genes, la hizo reponerse de esa tristeza que la lanzaba al abismo.

Volvió a centrarse en el libro y en sus historias. Y nuevamente disfrutó de la lectura y de lo que la acercaba a su padre. No pasaban las horas por su cabeza. Ni hambre ni sed. Estaba completamente abandonada a la lectura. El resto del mundo no le hacía mella en ese momento.

Y así desgranó cada uno de los capítulos que componían el libro, hasta llegar al final, donde se despedía de la vida, pidiendo reencontrarse con su hija en algún momento de lo que quedara por delante, no le importaba de qué manera.

Lloró amargamente cuando leyó esas ilusiones que se habían hecho realidad de manera sorprendente en sus últimos suspiros de vida. Pero lloró también de felicidad por haber sido partícipe de ese momento. Su deseo de conocer a su padre lo sentía ínfimo en relación con el deseo de toda una vida por parte de él.

De todas formas, le pareció maravilloso que hubiera sucedido. Ella también estaba segura de que su vínculo permanecería con el paso de los tiempos. Y ese libro era una primera muestra de ello.

Lo abrazó, como había abrazado a su padre el día anterior. Y el amor brotó desde dentro de su corazón como el día previo, invadiéndole la calma consigo misma y con todo lo que la rodeaba. En esa catedral de libros donde su padre había pasado tantas horas, estaba ahora su hija como un legado que continúa la historia.

Ella también era descendiente del Almirante Lobo. Se sintió henchida de orgullo, y abrazó el libro con más fuerza.

Volvió a releer el final del libro, para empapárselo para siempre, porque finalizaba con una despedida hacia su hija que ojalá leyera aquel libro alguna vez. La emoción la embargaba. Tanto que le temblaban las manos y el libro le resbaló hasta caer al suelo.

Su cara de emoción mudó a sorpresa cuando la casualidad hizo que el libro se quedara abierto por la última página. No la que estaba leyendo Ana, sino la que dejaba al descubierto la tapa posterior. En ella había pegado un sobre. No podía entender lo que veían sus ojos. Era un sobre blanco con sólo dos palabras en el centro.

Ana Friedich.

El chaval de la esquina se estaba liando parsimoniosamente un porro. Era temprano, pero para él no. No fumaba tabaco, no le gustaba. Sin embargo, el hachís le encantaba. Podría decirse que estaba enganchado, aunque él no lo percibía así.

Decía que no sentía nada distinto por muchos porros que se fumara, pero, en realidad, visto desde fuera, iba siempre como con una marcha más lenta que los demás. Su andar parsimonioso y su forma de moverse, como a cámara lenta, eran apreciables si estabas un rato con él.

Pero no solía estar con nadie. Vivía solo y trabajaba solo. Desde que Martin, haciendo caso al padre del chiquillo, le había dado trabajo para seguir a gente, tuvo dinero suficiente para mal vivir. Con los trapicheos tenía para los otros gastos. Y así era feliz. Era una de esas personas que no necesita más en su vida.

Y pese a que el viejo había muerto, él estaba en la esquina de la calle Boteros vigilando su casa. No había visto a nadie entrar en la última semana, pero tampoco tenía nada mejor que hacer. Y esa esquina se había convertido en su oficina para el menudeo de hachís, así que ahora tampoco era plan de hacer ninguna mudanza. Sus clientes ya estaban acostumbrados. Mejor así.

Él estaba concentrado en que no pasara la policía y lo cogiera infraganti. Pero eso no impidió que se fijara en la guiri que pasó por delante medio en nortada. De hecho, se planteó que quizás necesitara algo de material de su empresa. Pero no le echó más cuenta. Sí vio que entraba en la librería del chico tontón que había en la esquina. Y de vez en cuando le echaba un vistazo a través de la ventana, porque era bastante guapa. Y a él le encantaban las chicas guapas, aunque fuera mayor que él.

Y de repente, se le encendió una luz. Harto complicado que en ese cerebro llegara la electricidad, pero un chispazo lo hizo dudar. Miró su teléfono y buscó en el chat de Martín la foto de la hija del viejo que estaba buscando. Era morena con el pelo largo, pero juraría que tenía la cara de la mujer que había entrado en la librería.

Se puso bastante nervioso, pero fue capaz de tranquilizarse lo suficiente para llamar a su jefe y explicarle su averiguación. Seguro que aquello tendría una recompensa para su bolsillo.

La voz de su jefe cuando le dijo que estaba leyendo un libro grande en la librería lo puso en guardia.

-       ¡¡Que no vaya a ningún sitio hasta que yo llegue!!

Macarena estaba preparándose para comer sola. Aquel restaurante de la Plaza de San Lorenzo le encantaba. Tuvo suerte de encontrar una mesa, no era habitual. Pero su suerte había cambiado. Ahora ya era otra.

Se había despedido de toda su familia, incluido de su marido. Ya no tenía más ganas de aparentar nada. Que hablaran lo que quisieran. Dentro de poco le iba a dar la gran patada. Así que al salir del cementerio cogió un taxi y reservó por el camino.

Y allí estaba haciendo planes para el futuro. En el taxi ya había hablado con su abogado para que comenzara a intentar formalizar lo que iba a ser su herencia. Ahora venía un proceso complicado. Pero ella sabía que finalmente lo había conseguido. Ya nada la podía parar. Y su cabeza bullía sin parar.

Su cara resplandecía y comía con ansiedad. Ya tendría tiempo de ponerse a dieta. O mejor, a operarse hasta las cejas. No iba a haber problemas por eso. Ahora se abría un mundo de oportunidades. Y no iba a desaprovechar ninguna de ellas.

Y entonces sonó el teléfono. Era Martín. Seguro que quería hablar de los honorarios pendientes. Pero no era el momento. Y colgó.

El teléfono volvió a insistir, descolgó para emplazarlo para otro momento.

Sin embargo, Martín no la dejó colgar. Le contó las nuevas averiguaciones y que iban camino de la librería. Se oía el rechinar de los neumáticos avanzando a toda velocidad. Martín le contaba todo atropelladamente, y le pidió una respuesta.

Ahora no podía haber nada que deshiciera aquel proyecto. Volvieron las náuseas, pero no iba a perder aquellas delicias que había degustado. Tragó saliva. Y sonrió. Todo estaba permitido. Y no se podía fallar. Esa no era una opción. Y contestó.

- ¡Mátala!

43

Ana no sabía que hacer con aquel sobre. Estaba desconcertada. Cómo había sabido su padre su nombre. Y si lo conocía, cómo no había ido a buscarla. Su cabeza daba tantas vueltas que se sintió mareada.

Se recostó un poco en el sillón, y vio cómo David se acercaba con una botella de agua. Estaba pálida, se notaba temblorosa y un sudor fino perlaba su frente. No se encontraba nada bien.

Bebió con mucha dificultad, pero le sentó bien. Y poco a poco, fue recuperándose. Volvió a ser dueña de sí misma. Y entonces el corazón se le desbocó. Ahí fue realmente consciente que en sus manos había una carta de su padre, y no tenía ni la más remota idea de qué podía contener.

Rompió el lacrado que la sellaba, y sacó un papel que estaba escrito a mano, extendiéndolo sobre la mesa.

A su cabeza volaron recuerdos de la carta que abrió en Alemania días antes, así como de la que su padre abrió hacía más de cuarenta años. Las historias se repetían. Y eran las palabras escritas, esas que siempre había adorado, las que ahora le volvían a llegar.

Ahora entendía de dónde le venía esa pasión por los libros. Ahora comprendía el vínculo tan maravilloso que la unía a su padre.

Y ahora estaba allí, rodeada de libros, con una carta dirigida a ella.

Tenía delante suya un testamento ológrafo, escrito de puño y letra por su padre, al igual que el libro, fechado tres meses atrás, en el que explicaba de manera somera la razón por la que dejaba todos sus bienes a su hija Ana Friedich.

Toda la documentación que acreditaba las posesiones, estaba en una caja de seguridad del Banco Central, que se abría con una llave que Daniel guardaba en el llavero que custodiaba junto a las llaves de su piso.

La muchacha no daba crédito a lo que estaba leyendo. Había volado a España con la intención remota de conocer a su padre, y no solo lo había conseguido, sino que además se encontraba con que su padre siempre había estado buscándola, y que le dejaba todas sus posesiones. Ahora sí que se mareó y su cabeza daba vueltas sin control.

Se lo contó a David con tanta emoción, que casi gritaba. Su padre la quería y siempre la buscó. No lo había encontrado antes pero siempre la tuvo presente.

Ahora entendía las intenciones de su hermana. Seguro que sospechaba algo. Y quería matarla. Eso la atenazó. Sintió un miedo real. Y se abrazó a David, al que cogió de improviso. No se lo esperaba. Y no estaba muy acostumbrado a que lo abrazaran chicas guapas.

Y en medio de ese abrazo, escucharon una algarabía en el exterior. No era una calle de mucho tráfico, y un potente todo terreno aparcó en un lugar prohibido. Salieron dos personas del interior. Y al ver a uno de ellos desde la ventana, se le helaron las venas y la sangre que corría por su interior. Era el que la había perseguido aquella noche. Y venían para matarla.

Le pidió a David que cerrara la puerta de la librería. No quedaba nadie en el interior, y se acercaba la hora del cierre. El chaval obedeció haciendo caso a la cara de terror más que a las palabras de Ana.

Además, llevaba tiempo viendo al chaval rubio de la esquina, y no le daba buena espina. Así que cerró la puerta antes de que pudieran entrar la pareja siniestra que se acercaba con no buenas intenciones, y volvió hacia donde estaba Ana.

Ana estaba bloqueada. No sabía qué hacer. Veía su vida en inminente peligro, y tenía que escapar. Así que decidió llamar a su ángel de la guarda. Ella sabría ayudarla. Cogió el teléfono y marcó el número de Adelaida. Le contó lo que le estaba pasando, y ella comenzó a tranquilizarla. Tampoco era muy consciente de la cara de peligrosos que tenían los dos individuos. Pero al menos, oírla tranquilizó a Ana.

Desde fuera miraban por los cristales, aparentando que no pasaba nada. No parecía que tuvieran salida. Adelaida estaba en el coche y se dirigía hacia la librería, pero no sabían cómo iban a poder evitar a aquellos dos mastodontes.

David, que también estaba bloqueado ante tanta agresividad, comentó de manera casi involuntaria, que en la parte de atrás había una salida que daba a la otra calle. Ana casi lo besa en la boca, pero le pareció que, si lo hacía, se iba a desmayar y no encontraría la puerta, así que decidió dejarlo para más adelante, si conseguía salir de aquella.

Seguía hablando con Adelaida por teléfono, que ya estaba cerca. Decidieron que la esperaría en la Plaza de la Alfalfa con el motor en marcha. Ella correría y los despistarían. En su cabeza quedaba perfecto el plan. En la realidad, probablemente no sería tan fácil.

David le indicó dónde estaba exactamente la puerta. Le dio el manojo de llaves que le había dado el Almirante. Cerró las manos de Ana, rodeándolas con las suyas, y le deseó suerte con una mirada sincera. La iba a necesitar.

Ella lo besó suavemente en los labios, en señal de agradecimiento. Y quizás de algo más, pero no era el momento. Eso ya se vería.

Él se dirigió a la puerta. Parecía que llevaba intención de abrir, lo que excitó a los de afuera, como perros que van a recibir su carnaza, pero no fue eso lo que sucedió.

De manera súbita, apagó todas las luces de la librería, que quedó a oscuras. Aprovechando el desconcierto, Ana se deslizó hacia la trastienda, y buscó a tientas la cerradura de la puerta que daba acceso a la otra calle. Por fin la encontró, y abrió de pronto, sintiendo una bocanada de aire caliente que venía del exterior.

Sin más dilación, corrió con el libro apretado contra su pecho, sintiéndose libre.

Los esbirros golpeaban la puerta de entrada para acceder al interior después del desconcierto creado, pero el rubio, que estaba en la otra esquina, se percató de que la chica corría hacia la plaza como alma que llevara el diablo. Gritó y corrió tras de ella. La había descubierto y ahora la iba a atrapar.

Tanta excitación le subió la bilirrubina, y corrió como nunca lo había hecho en su vida. Esos andares lentos quedaron en el pasado. Se acercaba peligrosamente a su víctima, pero cuando notaba su respiración entrecortada cerca de la mano, un coche irrumpió en plena plaza, y quedó desconcertado. Se abrió una puerta, la chica subió a su interior, y salieron despedidas con dirección al centro.

Los otros dos, que vieron a lo lejos la escena, volvieron sobre sus pasos y se montaron en el todoterreno, acelerando ruidosamente, apartando a todo el que presenciaba aquella alocada escena.

Siguieron a toda velocidad el rastro que había dejado el vehículo, adentrándose en las estrechas callejuelas del centro histórico de la ciudad. Los viandantes se echaban a un lado despavoridos, alertados por la excesiva velocidad y el descontrol que se cernía sobre ellos.

En poco tiempo acortaron distancia, acercándose peligrosamente al coche que iba delante. Incluso llegaron a golpearlo por detrás, lo que casi consigue que Adelaida perdiera el control del coche. No estaba acostumbrada a persecuciones con coches, como sí parecían estarlo los perseguidores.

Pero la adrenalina también bullía por su sangre hirviendo, y aceleró todo lo que fue posible para mantener controlado el coche. Golpeaba repetidamente en los bordillos, y tuvo que frenar para no entrar en el Patio de los Naranjos de la Catedral. La duda era si girar a la derecha o a la izquierda. Y sin pensarlo, se lanzó a la derecha, buscando la salida de la ciudad hacia el río.

Poco más adelante, la Avenida de la Constitución cruzaba el paso. Una de las zonas peatonales más grandes de Sevilla, por donde circulaba el Metrocentro, un tranvía exasperadamente lento que unía San Bernardo con el centro histórico. Aceleró oyendo las campanillas que anunciaban su paso para que los viandantes se retiraran.

Por el rabillo del ojo lo vio aparecer por su derecha, pero en lugar de frenar, aceleró a la vez que hacía sonar el claxon con insistencia.

Volaron por los aires y el tiempo se detuvo. Pudieron ver la cara de sorpresa de los peatones ante el coche que se les abalanzaba, la cara del chófer del tranvía que no sabía explicar de dónde habían aparecido aquellas dos locas conduciendo un coche a esa velocidad por aquella zona.

Pero la jugada salió perfecta. Se encaminaban buscando Adriano, mientras veían por el espejo retrovisor que el tranvía seguía su lento caminar hacia el Hotel Alfonso XIII. Un poco más atrás estarían maldiciendo los que habían intentado matarla nuevamente.

44

Son las doce de la noche. Adelaida y Ana aún tiemblan. Ya hace un par de horas que perdieron de vista el todo terreno negro, pero cada vez que las deslumbra una luz de un coche, saltan de un respingo asustadas. No estaban acostumbradas a esos sobresaltos. Y menos a tantos en tan pocos días.

Ana había decidido dónde quería ir. El monumento del Sagrado Corazón de San Juan de Aznalfarache era la mejor forma de ver la espléndida Sevilla de manera panorámica. Su padre lo nombraba en el libro como uno de sus lugares preferidos. Y ella quería conocerlo.

Allí se sentía más cerca de él. Y pensaba con más claridad. O al menos lo iba a intentar.

Tenía en su regazo el libro. Lo miraba y levantaba la vista hacia el horizonte, donde un reflejo anaranjado llegaba filtrándose con la bruma del río. El monumento estaba en un lugar privilegiado. A sus pies un paseo se perdía a la vista, formando un mirador interminable. Nada de ello se quedaba en la retina, porque la ciudad de Sevilla te atraía sin querer, evitando que los ojos se fijaran en el entorno más próximo.

Era una ciudad atrayente. De día y de noche. Cada una de las horas del día tenían su encanto.

Aquella era la ciudad de su padre. Y sentía cada vez con más fuerza que también era la suya.

Pasó casi media hora hablando con Pietr. Era su amigo experto en temas legales. Su asesor, podríamos decir. Le explicó que lo que tenía entre sus manos era un testamento ológrafo, que, si estaba de puño y letra escritos, con el nombre de su padre y la fecha y hora en que se realizó, tenía la misma validez que un testamento presentado ante notario. Sólo quedaba por comprobar que no se hubiera realizado otro con fecha posterior. Pero entonces no tendría sentido que su padre la hubiera llevado hasta allí.

Y sobre todo por el interés de Macarena en recuperarlo.

Ella no estaba en esa situación por el dinero, pero si su padre había deseado que fuera para ella, lo sentía como si realmente lo fuera. Así que iba a pelear por no perderlo.

Decidieron que irían al piso de Adelaida. Les parecía más seguro que el hotel. Éste era más fácil de localizar. Así que, un poco más tranquila, montaron nuevamente en el coche y volvieron hacia la ciudad. No se podían imaginar que faltaban sorpresas por descubrir.

Aparcaron cerca del piso y fueron caminando. No había nadie por la calle, aunque las dos escuchaban sonidos sospechosos por todos lados. El calor sofocante del día se mantenía en las calles estrechas, a pesar de las horas intempestivas que eran. Abrieron el portal y se encaminaron hacia arriba por las escaleras. Era antiguo pero limpio. No tenía ningún tipo de decoración, pero las luces alumbraban lo suficiente para tranquilizar los corazones de las dos jóvenes. Entraron con sigilo en el apartamento, aunque la cerradura crujió como si estuviera conectada a un altavoz. Pensaron que había despertado a todos los vecinos, accediendo rápidamente al interior. Todo estaba a oscuras. La entrada era pequeña, pero estaba decorada con gusto, lo que la hacía más amplia y confortable. Se dirigieron al salón, y fue entonces cuando una voz les erizó la piel:

-   Cerrad la puerta y acercaros poco a poco.

Macarena estaba sentada en la penumbra del salón en un sillón de orejeras de color verde con motivos florales, con las piernas cruzadas. Empuñaba una pistola que parecía demasiado grande para ella. Aunque, en esa situación, cualquier pistola les hubiera parecido enorme. Aquello era el final.

Estaba tan harta de esos matones incompetentes que había decidido hacer ella misma el trabajo sucio. Cuando la llamó Martín para explicarle el nuevo fracaso, ni siquiera quiso escucharlo. Sólo quería que le abriera el piso de Adelaida porque tenía la corazonada de que volverían allí. Por lo que llamó a Antonio para que le diera la dirección. Y había acertado de pleno. Allí tenía delante a las dos corderitas asustadas, con el libro en las manos.

- Buenas noches, hermanita – Comentó con voz sarcástica – Veo que vienes con tu noviecita.
- ¿Qué es lo que quieres? – Escupió sin más Ana.
- Solo quiero mi futuro, mi plan de pensiones. ¿O te crees que vas a llegar de rositas el último día y te vas a llevar el premio gordo? – Inquirió Macarena.
- Este libro no habla nada de ti. No sé por qué tendría que dártelo.
- ¿No te parece una buena razón lo que tengo en mis manos? -comentó mientras sonreía y fijaba sus ojos en la pistola que las apuntaba.

Aquella conversación tenía muy poco sentido. El tablero estaba excesivamente inclinado hacia un lado para buscar alguna probabilidad que ganar. Pero hizo un último intento.

- Macarena, en este libro, mi padre, cuenta cómo fue su vida. Y en una parte de ella habla de una búsqueda en la cual yo soy la protagonista. No sé cuál ha sido vuestra relación, ni los motivos que ha tenido para no tenerte en cuenta al final de su vida, pero para mí es la última voluntad de mi padre, y la voy a hacer cumplir. No he tenido conocimiento de su existencia hasta hace unos días, y una vez que he tenido la suerte de conocerlo, él ha muerto en mis brazos. Y este libro es lo único que me une a él. Todo lo demás no me importa. Pero este vínculo no me lo puedes arrebatar.

Macarena puso cara de emoción, se levantó y dijo:
- Me has convencido. Con esas palabras tan emocionadas, me has hecho darme cuenta de que estaba equivocada. He sido muy mala con mi padre y ahora lo estoy pagando. Tienes razón. Snif, Snif… ¡¡Y una mierda!!

Y le arrancó el libro de las manos de Ana mientras soltaba una carcajada que retumbó por todo el salón. Ana se quedó como desnuda, como si hubiera perdido lo único que le daba sentido a su vida. No podía permitir que ese regalo que le había llegado se pudiera perder en alguien que no le daba ningún valor. Es por eso que le dijo:

- Macarena, déjame el libro. Ahí no hay nada que valga la pena para ti. Sólo es una historia contada por mi padre, no por el tuyo. Es lo único que quiero. Junto a ese libro venía un testamento donde me lo dejaba todo a mí. Pero no quiero eso si tengo que elegir. Prefiero quedarme con el libro. Estoy segura de que así seré más feliz.
- ¿No me estarás engañando? – preguntó amenazándola con la pistola? - ¿Dónde está ese testamento?.
- Lo dejé en el coche. Si quieres, vamos a buscarlo y haces con él lo que quieras.
- Espero que no sea ninguna artimaña para ganar tiempo. – le escupió a la cara -Porque te vas a arrepentir si es así.

Así que bajaron hacia el coche, y una vez allí le dieron el sobre. La farola que tenuemente los iluminaba no dejaba ver bien su contenido, pero se la veía convencida. La calle era estrecha y el silencio de la noche se vio alterado por un ruido procedente del otro lado de la calle. El camión de la basura venía a una velocidad considerable. No había nadie por la calle y tenían prisa.

El silencio de la noche se veía turbado por el desagradable motor que anticipaba su llegada. Aunque no fue necesario, porque el olor a basura llegó antes que el camión.

En ese desconcierto Ana puso las manos para recibir el libro, pero Macarena cambió su rostro, y una ligera sonrisa dibujó tétricamente su cara. Ella notó que no se lo iba a dar. Y una enorme frustración subió hasta sus mejillas, que poco a poco se convirtieron en ira. Pero la pistola la estaba apuntando amenazadoramente de nuevo. Y Ana se sentía impotente.

Y como a cámara lenta, se sucedieron los acontecimientos.

Macarena comenzó a despedirse con la mirada, dando la guerra por terminada con la victoria de la batalla final. Ana comenzaba a notar brotar lágrimas que nublaban su vista ante la pérdida. El camión se acercaba ruidoso y veloz, consiguiendo que una vibración se instalara en todos.

El nauseabundo olor de la basura se mezclaba con el calor sofocante, creando una especie de bruma que todo lo enlentecía. Apareció un gato por la otra esquina, como pendiente de que algo se estuviera preparando para él.

Y justo al pasar el camión junto a ellos, una mano apareció del vacío. Era la de Adelaida que empujó de manera sorpresiva a Macarena hacia el asfalto. Todo sucedió muy rápido. El conductor no era consciente de lo que estaba pasando hasta que notó el salto del camión. Todos los ocupantes iban distraídos y ellas estaban en una zona algo oscura. Ana gritó, de manera instintiva, más que por darse cuenta de lo que había pasado. Y abrazó a Adelaida presa del pánico. No podía mirar atrás. Su ángel de la guarda había vuelto a salvarla.

El libro había caído al suelo y estaba intacto, y por el aire se veía aún flotando una hoja de papel, que se bamboleaba con la ligera brisa de la noche hispalense, hasta que se posó en el cuerpo inerte y sin vida de Macarena Lobo. Ya tenía en su poder su testamento. Aunque ahora no le serviría de nada.

Adelaida se soltó de los brazos de Ana, lo cogió, y lo introdujo en el libro. Ana había caído al suelo por el temblor de las piernas. Le puso el libro en el regazo, y la besó en la frente. Se volvió, y fue a resolver el tema con los basureros.

Ana quedó en el suelo en estado de shock. A su mente confluían todo tipo de estímulos que no conseguían sacarla de ese sopor. Las luces anaranjadas del camión de basura. Las azules de la policía y de la ambulancia cuando llegaron, los movimientos nerviosos de todos los que se acercaban hasta allí.

Pero su aterrada mirada se había posado en uno de los coches que observaba desde el suelo. Ella no miraba hacia donde yacía Macarena. En todo el revuelo, se había dado cuenta cómo Adelaida había tenido la lucidez de deshacerse de la pistola que estaba en la mano de Macarena y la había conseguido lanzar debajo de ese coche.

Nadie iba a verla, porque nadie se imaginaba que en ese trágico accidente en el que estaban implicadas, iba a haber una pistola de por medio. Así que la miró como la que observa un pájaro que no se siente vigilado, con la tranquilidad de que estaba a salvo. Nuevamente su ángel de la guarda había completado su misión.

Epílogo

Una pareja se abraza sentada en la orilla del Guadalquivir, con Triana y el puente al fondo, mientras el sol se pierde dejando las últimas claras del día para embellecer con sus reflejos dorados, la ciudad que se mueve a su alrededor.

El tiempo no pasa para ellos. Ese abrazo se convierte en eterno. Calma todos esos abrazos perdidos que ya se fueron. Esos nunca se podrán recuperar, pero al menos el disfrute de éstos, permite llenar el vacío que quedó.

Quizás no quede del todo colmado, pero la vida también se compone de pérdidas. Al menos ellos se dieron cuenta a tiempo, y empezaron a aprovechar su presente. Ese que tenían en sus manos.

Tras algunos meses de comprobaciones, el testamento le fue otorgado a Ana de manera íntegra, al ser la única heredera. Sólo con el paso del tiempo fue consciente de la inmensa fortuna que su padre le había dejado.

Pero para ella eso fue secundario. Lo principal fue que el amor que su padre no le había podido demostrar en toda su vida, lo guardó en ese libro y ella lo recibió intacto. Además, ese acto de amor se hizo a través de una persona que había llegado por azar, y que ahora se había convertido en otra expresión del amor.

El amor que tantas veces le había sido esquivo durante sus cuarenta años anteriores, ahora brotaba y la inundaba. Se había enamorado de ese chico hasta los huesos. No sólo porque era un vínculo inherente a su padre, que también. Sino porque parecía que el destino lo había enredado todo para que llegaran a encontrarse.

Hablar con él era en parte hablar con su padre, porque habían compartido numerosas historias. No obstante, cuando David la abrazaba, el mundo se paraba. Y ella disfrutaba de esos abrazos. Los aprovechaba como si fueran los últimos.

Veía sus sueños cumplidos, ella que siempre había amado los libros, se veía rodeada de cuantos quisiera en la librería de David, donde el tiempo para ella se paraba.

Pero, por encima de todo, después de tantas vicisitudes, podía gritar a los cuatro vientos una certeza.
Y es que ahora era feliz.

FIN

Agradecimientos

A María, mi mujer. Mi editora particular, pero, sobre todo, la persona más importante en mi vida. Junto a mis hijos, son la energía que me mueve diariamente para conseguir mis metas.

Y, por supuesto, a todos mis compañeros del Hospital El Tomillar. Aunque esta historia nada tiene que ver con la realidad, no hay duda de que la inspiración principal brota de esos muros.

Cualquier parecido con la realidad será pura coincidencia, excepto que las personas que allí trabajan no sólo son maravillosas, sino que ponen cada gramo de su esfuerzo por cuidar a todas las personas que ingresan en ese centro.